PLAISIR
DES
SONS

Enseignement des sons du français

Massia KANEMAN-POUGATCH
E. L. C. F. Université de Genève

Élisabeth PEDOYA-GUIMBRETIERE
U. F. R. Didactique du F. L. E.
Université Paris III

ALLIANCE FRANÇAISE

HATIER / Didier

ISBN **2-278-01843-4**

////TABLE DES MATIÈRES////

L'enseignement et l'apprentissage du système phonologique d'une langue sont souvent perçus comme rébarbatifs. En effet, l'enseignant doit recourir, pour corriger la prononciation de ses élèves, à des connaissances techniques précises qu'il ne possède pas toujours bien et les élèves, dans leur effort pour acquérir des sons nouveaux, sont soumis à des exercices qui leur paraissent souvent ennuyeux et peu importants.

C'est pourquoi, nous nous sommes efforcées d'élaborer un matériel varié, basé sur des critères théoriques précis, comprenant à la fois des exercices plutôt traditionnels dont l'efficacité n'est plus à prouver, et des activités que nous avons voulu attrayantes, afin de mettre à sa juste place une discipline nécessaire au bon fonctionnement de la communication.

I - PRINCIPES ET CRITÈRES D'ÉLABORATION

1. LES SONS

Pour élaborer ce matériel qui s'adresse à des adolescents et des adultes de groupes linguistiques et de niveaux différents, nous avons procédé à l'inventaire des problèmes que rencontrent les élèves lorsqu'ils ont à acquérir un phonème vocalique ou consonantique.
Nous proposons des regroupements dans l'apprentissage du système phonique à partir des interférences produites :

ex : [ə] sera travaillé parallèlement à [e] ou à [ɛ], car ces trois phonèmes sont souvent confondus et l'élève a du mal à les distinguer et donc à les produire.

Le recensement effectué ne prétend, certes pas, à l'exhaustivité mais nous pensons que l'éventail des problèmes retenus est suffisamment large pour répondre à un grand nombre de difficultés rencontrées par les élèves de différentes langues. On notera, par exemple, que [ɑ/a] ne font pas partie des sons étudiés, parce que cette distinction tend à disparaître au profit d'une réalisation intermédiaire (excepté dans certains parlers régionaux). Même si les anglophones ont tendance à prononcer [æ] à la place de [a] dans certains cas et que les Hongrois produisent une postériorisation légèrement trop grande dans la réalisation de certaines occurences du [a], ces cas restent cependant très isolés et ne sont pas de nature à entraver réellement la compréhension.
Nous avons cherché avant tout à traiter les interférences qui nous paraissaient prioritaires car indispensables à la communication.

On ne trouvera pas ici une description du système phonique avec les règles de prononciation et tous les phénomènes qui s'y rattachent comme par exemple les liaisons, la chute du [ə], etc. Élaborer un matériel pédagogique, c'est d'abord partir des confusions et/ou des manques (par rapport à la langue cible) et ensuite donner à l'élève les moyens d'acquérir de nouvelles habitudes articulatoires lui permettant de produire de nouveaux phonèmes de la manière la plus simple mais aussi la plus vivante.

On ne s'en tiendra pas à l'enseignement des sons de manière isolée ; le système phonique doit être intégré à l'enseignement de la langue car il en est une des composantes essentielles, surtout lorsqu'il s'agit de communiquer !
C'est pourquoi, nous avons choisi pour chaque phonème ou chaque opposition phonématique *un acte de parole* et *des situations de communication* qui permettent à ces sons d'apparaître le plus naturellement et le plus fréquemment possible.

2. L'INTONATION

L'intonation ne constitue pas un apprentissage à part mais est abordée au cours des activités proposées *(dialogues, gammes, etc.)*. Les réalisations linguistiques des actes de parole sont toujours accompagnées de schémas intonatifs spécifiques ; ces éléments n'existent pas l'un sans l'autre et doivent donc être appréhendés de manière globale. C'est au travers des énoncés en situation que l'élève sera sensibilisé aux différents schémas intonatifs de la langue ; c'est par l'écoute, la répétition, le jeu que se fera l'apprentissage de l'intonation.

3. LA FICHE TECHNIQUE

Une fiche technique introduira chaque dossier. Dans celle-ci, vous trouverez les caractéristiques des sons étudiés *(portrait)*, des exemples de difficultés rencontrées par tel ou tel groupe linguistique dans l'enseignement/apprentissage des sons *(diagnostic)*, ainsi que les actes de parole sélectionnés.

Nous avons utilisé, dans ces fiches, une certaine terminologie (I) parce qu'elle nous a paru la plus simple et la plus adaptée à la description et au traitement pédagogique des sons, terminologie se référant, en partie, à des principes méthodologiques issus du verbo-tonal.

Trois traits caractérisent l'ensemble du système phonique du français :

. **la labialité** : c'est-à-dire la projection des lèvres en avant. Les sons se répartissent par rapport à ce premier critère et sont émis avec une forte labialité (lèvres très en avant), avec une labialité moindre ou sans aucune labialité. Cette opposition *labial/non labial* renvoie en partie à l'appellation traditionnelle *écarté/arrondi*.

. **l'acuité** : les sons sont classés selon un second critère, leur degré d'acuité. Certains phonèmes sont *graves*, d'autres *aigus* (il existe trois consonnes neutres [k], [g], [R]).

(I) cf. Monique Callamand *Méthodologie de l'enseignement de la prononciation.* Clé International, 1981.

6

.la tension : les sons sont répartis selon un troisième critère, leur degré de tension ou de relâchement. Certains phonèmes sont *tendus*, d'autres *relâchés*, d'autres enfin ont une tension moyenne. Cela renvoie à la distinction traditionnelle *sourd/sonore* en ce qui concerne les consonnes. Nous adopterons la dénomination *tendu/relâché*.

Les trois traits retenus fonctionnent pour tous les phonèmes étudiés et peuvent être appréhendés par les élèves. Ceux-ci sont à même, et c'est sans doute l'aspect le plus important, de les ressentir et de les éprouver dans leur corps.

Dans la fiche technique, chaque phonème comporte un portrait permettant de visualiser immédiatement ses caractéristiques par rapport aux trois traits précédemment définis. Ainsi, avec ce portrait, vous n'aurez aucune difficulté à repérer le ou les traits qu'il faut faire acquérir ou faire renforcer.

ex :

[i]
.aigu
.tendu
.non labial

[y]
.aigu
.tendu
.labial

[u]
.grave
.tendu
.labial

4. LES CONTEXTES FACILITANTS

Pour faire acquérir aux élèves l'un des trois traits mentionnés ci-dessus, on aura recours aux contextes facilitants qui permettront de favoriser l'un de ces traits dans l'émission du son. Les contextes facilitants sont de deux natures et peuvent être combinés :

.*un entourage consonantique ou vocalique* possédant le trait à acquérir.

.*un schéma intonatif* permettant de renforcer ou de diminuer la tension ou l'acuité d'un son.

Remarque : en règle générale, pour faciliter l'acquisition d'un son, il est préférable, dans un premier temps, de le placer en finale absolue avant de le faire produire dans d'autres positions.

.Pour renforcer la tension d'un phonème, il est nécessaire de placer le son à la fin d'un énoncé à intonation montante (par exemple un énoncé interrogatif) et dans un entourage consonantique lui-même tendu.

.Lorsque l'on souhaite faire diminuer la tension produite sur un son, on le placera à l'intérieur de l'énoncé ou à la fin d'un énoncé à intonation descendante et on l'entourera de phonèmes vocaliques et consonantiques relâchés.

.On renforcera l'acuité d'un son en le plaçant à la fin d'une intonation montante et en l'entourant de phonèmes vocaliques ou consonantiques aigus.

.En ce qui concerne la labialité, seul l'entourage consonantique et vocalique nous permettra de renforcer ce phénomène.

ex : [y] précédé ou suivi de [ʃ, ʒ, f, b, v, m] dans des mots comme : chut! jupe, pu, etc.

Nous donnons ici pour mémoire un tableau récapitulatif succinct des caractéristiques des phonèmes vocaliques et consonantiques (pour plus de précisions, nous renvoyons à l'ouvrage de M. Callamand, op. cit. p. 4).

LES VOYELLES AIGUES		LES VOYELLES GRAVES	
non labiales	labiales	labiales	moins labiales
i	y	u	ə
e	ø	o	ɔ
ɛ	œ	õ	ã
ɛ̃	œ̃		ɑ
	a		
les plus tendues : i, y, e, ø		les plus tendues : u, o, õ	

LES CONSONNES AIGUES			LES CONSONNES GRAVES
non labiales		labiales	toutes labiales
t,	s	ʃ	p, f
d,	z	ʒ	b, v,
n,	ɲ		m
l,	j*	ɥ*	w*
tendues : t, s ʃ			tendues : p, f

* appelées semi-voyelles ou semi-consonnes.

LES CONSONNES NEUTRES	
non labiales	
tendues : K	relâchées g R

II - PRÉSENTATION ET COMPOSITION DES DOSSIERS

Chaque dossier, introduit par la fiche technique, se compose de cinq parties qui correspondent à différentes activités complémentaires :

ÉCOUTE   IMAGES   GAMMES   ÉCRITURE   RÉCRÉATION

Il nous a paru important d'inventorier et de découvrir toutes les ressources (il y en a encore d'autres à exploiter) que peut offrir un apprentissage des sons du français.

8

1. ÉCOUTE

Les exercices d'écoute sont des exercices de discrimination et de reconnaissance auditives, mettant en évidence une opposition phonématique. Il est demandé à l'élève de différencier puis de reconnaître, dans une série de mots, les deux sons qu'il a tendance à confondre :

ex. : **ch**ant/**g**ens.

Remarque : Un certain nombre de mots, dans ces exercices, seront inconnus des élèves notamment débutants. Un véritable travail sur l'audition sera d'autant plus fructueux dans ces conditions.

Il est intéressant de refaire ces exercices avant de passer à un autre dossier afin de comparer les résultats avec ceux de la première audition.

2. IMAGES

Un son n'est pas qu'une entité abstraite, répertoriée, décrite et classée. Pour nous, il est vivant, il prend place dans notre corps, anime des objets, se glisse dans la nature, rappelle des souvenirs.

Les exercices qui sont proposés ici nous incitent à partir à la découverte de ces sons du français et demandent de la part de l'enseignant d'être ouvert, disponible et convaincu. Un professeur sceptique ou qui, au cours de cette phase, se sent mal à l'aise ou ridicule passera à d'autres activités ; il y en a suffisamment. De même, il ne les imposera pas à des élèves pour qui gesticuler, mimer ou extérioriser des sentiments est vécu comme une atteinte à leur identité.

Par contre, si l'expérience vous tente, vous jugerez par vous-même de l'efficacité et du plaisir qu'engendre ce type d'exercice. Vous verrez comment la sollicitation du corps, des mouvements, du rythme, des gestes, de la respiration et de l'imagination favorise l'acquisition et renforce la mémoire.
Si notre démarche ne peut être qualifiée de scientifique au sens où l'on ne peut pas prouver, par exemple, qu'un son sort par les pieds ou qu'un autre fait penser à une couleur claire, elle n'en repose pas moins sur les critères de classement que nous avons retenus :

- la tension
- l'acuité
- la labialité

Il faut cependant constater que les images suggérées, surtout celles qui rappellent des bruits (de la nature, d'objets, d'animaux) ou que les grimaces que nous proposons en réaction à des situations précises, reposent sur des traditions culturelles spécifiques. Nous savons tous qu'un coq français ne chante pas comme un coq allemand ou anglais. La correspondance bruit/phonème est subjective et arbitraire. Dire que l'on entend : « fffff... » lorsque les feuilles bruissent sous le vent peut sembler farfelu, d'autres entendront autre chose. Cette « vérité » qui est familière à certains d'entre nous ne l'est donc pas pour tout le monde et sans doute encore moins pour des élèves de cultures éloignées de la nôtre.

Aussi faut-il être très vigilants face à ces différents types de perception qui peuvent surgir dans la classe, les comparer entre eux sans les juger, voir s'ils sont compatibles avec l'exercice proposé, pertinents et s'ils constituent un contexte facilitant l'acquisition.

Les idées que vous trouverez dans la partie *images* ne sont que des suggestions, des pistes, des exemples parmi d'autres. Il est bon que l'élève construise son propre système d'images à travers son vécu et son appréhension du monde.

3. GAMMES

Les gammes permettent de systématiser l'apprentissage des sons à travers les réalisations des actes de parole. Ces actes ont été choisis non pas en fonction d'une quelconque progression mais pour leur utilité dans la communication quotidienne et leur facilité à faire apparaître l'opposition étudiée :

> *ex. :* opposition [k]/[g]
> > acte de parole : demander et donner des renseignements pratiques
> > énoncés : Ex**c**usez-moi, **qu**elle heure est-il ?
> > > **C**ombien **c**oûte ce gi**g**ot ?
> > > **C**omment aller à la **g**are ? etc.

Par ailleurs, nous avons cherché, dans la mesure du possible, à placer les sons dans un contexte facilitant, du moins pour les premiers exercices.
Les exercices que nous avons élaborés sont composés d'énoncés qui appartiennent à la langue orale et ce n'est que par souci de commodité pour l'enseignant que nous les avons retranscrits. Aussi y trouverez-vous des mots de la langue familière, voire populaire, qui généralement se disent mais ne s'écrivent pas. Nous aurions trouvé dommage, au nom d'un certain purisme, d'en faire l'économie puisqu'ils appartiennent au discours quotidien.

C'est toujours par souci de commodité que nous avons opté pour une ponctuation de l'écrit qui ne traduit que très approximativement les marques prosodiques du discours oral.

Ces *gammes* sont enregistrées avec tous les phénomènes caractéristiques de l'oralité (suppression du « ne » dans certains cas, du [y] de « tu » lorsque le verbe commence par une voyelle, chute du [ə], assimilation consonantique, absence de liaisons dites facultatives, etc.) afin de rendre les énoncés plus proches de la réalité langagière.

Pour tenter d'écarter la monotonie qu'engendre inévitablement ce type d'exercices, nous y avons intégré :
- des schémas intonatifs expressifs
- des transformations (dans les réponses attendues) et non la simple répétition du stimulus. Ces transformations portent essentiellement sur des changements de temps verbaux et des dérivations lexicales.
- l'utilisation de marqueurs discursifs tels que : « mais, enfin, ben, voyons, dis donc, etc. ».

Enfin, chaque exercice est doté d'un titre censé donner le ton. Dans la mesure du possible il comprend le ou les sons étudiés, ce qui a grandement limité notre choix parmi des possibilités bien plus amusantes. C'est à vous que nous les destinons, quelques-uns comme clin d'œil à des références ou à des sous-entendus qu'il est probablement hasardeux d'expliquer à des élèves.

4. ÉCRITURE

Les exercices proposés, dans cette quatrième phase, ne visent pas à l'apprentissage de l'orthographe. Nous ne donnerons donc pas toutes les réalisations graphiques du son étudié. Ce qui nous intéresse avant tout, c'est d'offrir à l'élève les moyens d'éviter qu'il ne transpose à l'écrit les « fautes » qu'il commet à l'oral comme les erreurs d'opposition phonématique du type :

> ex. : « c'est veau » au lieu de « c'est beau » écrit par un hispanophone.

C'est la raison pour laquelle, quand des sons peuvent être confondus oralement mais présentent à l'écrit plusieurs graphies :

> ex. : [ã] et [ɛ̃]

nous n'en retiendrons qu'une ou deux par son :

> ex. : « an » ou « en » pour [ã] et « in » ou « ein » pour [ɛ̃] afin de mettre en évidence leur *différence* et non toutes les graphies possibles.

Deux types d'exercices sont offerts : le premier permet à l'élève le repérage de la graphie, le second lui demande de sélectionner lui-même la graphie en fonction du son entendu.

Lorsque nous avons construit nos exercices de graphie, nous avons respecté les règles de prononciation du français standard :

> ex. : « ais » en syllabe accentuable prononcé [ɛ] et non pas [e] comme les Parisiens ont tendance à le faire à l'heure actuelle.

Dans certains cas, il est indispensable d'initier les élèves à la notion de syllabe ouverte ou fermée qui détermine la prononciation de certaines voyelles.

5. RÉCRÉATION

Qui n'a pas joué aux charades, aux devinettes, au pendu, au mariage biscornu ? Ces jeux de société, nous les avons transposés en modifiant légèrement les consignes afin de les rendre adéquats à la situation pédagogique.

Nous avons multiplié les activités ludiques afin d'offrir un choix et une idée de ce qui peut se faire dans ce domaine.

Outre ce type d'activités, nous proposons plusieurs petits dialogues se rapportant, eux aussi, aux actes de parole choisis pour les *gammes*. Nous avons ainsi une illustration de l'utilisation possible de ces énoncés en contexte.

Ces dialogues sont également enregistrés et ils peuvent être répétés, joués, transformés.

Enfin, nous avons eu envie de terminer chaque dossier par l'écoute d'un poème. Il est impressionnant de constater qu'il a été possible de trouver, dans la littérature contemporaine, un poème pour chaque opposition vocalique et consonantique. Nous espérons que vous aurez autant de plaisir à les faire connaître que nous en avons eu à les découvrir.

Chaque dossier comprend donc des activités ludiques différentes. Il n'est pas nécessaire de les conserver à leur place. Si, d'aventure, un des jeux conçu pour l'opposition [b]/[v] vous intéresse, mais que vous n'ayez pas d'élèves hispanophones, rien ne vous empêche de l'adapter à une autre opposition.

A vous maintenant de varier, de compléter, de transformer, de rajouter selon votre envie et les besoins de vos élèves. Mais surtout n'oubliez pas de les mettre à contribution !

III - UTILISATION

L'ordre dans lequel nous faisons apparaître les différentes activités répond à une progression nécessaire dans l'apprentissage. Il est inutile, par exemple, de faire produire un son tant que celui-ci n'a pas été perçu et reconnu. Cependant, vous n'êtes pas tenu d'épuiser tous les exercices d'une phase avant de passer à la suivante.

Lorsque vous vous trouvez face à un groupe linguistiquement hétérogène, nous vous conseillons, puisque le français possède une grande variété de phonèmes vocaliques, de commencer par traiter les voyelles dans l'ordre que nous proposons. Vous traiterez les consonnes en fonction du temps dont vous disposez et de la possibilité que vous avez de former des sous-groupes ayant des difficultés analogues.

A l'inverse, si votre groupe est linguistiquement homogène, vous établirez vous-même votre progression (vocalique et consonantique) en fonction des interférences avec la langue maternelle.

Chaque partie offre des activités pour des étudiants de différents niveaux. A vous de sélectionner ou d'adapter ceux qui conviennent à votre classe.

A la fin, un index recense les actes de parole utilisés dans chaque dossier, les poèmes, les dialogues et les jeux. Ces derniers sont répertoriés pour vous permettre de repérer rapidement ceux qui vous intéressent — afin de les adapter — et qui risqueraient de vous échapper au cas où vous n'abordez pas les dossiers qui les contiennent.

Nous espérons que l'optique dans laquelle nous avons conçu cet ouvrage ainsi que les activités que nous vous proposons sauront vous séduire car enseigner des sons, c'est aussi un plaisir !

LES VOYELLES

les sons

[i]

[y] [u]

FICHE TECHNIQUE

PORTRAIT

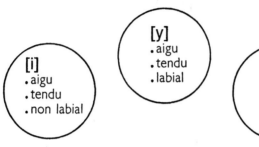

[i]
. aigu
. tendu
. non labial

[y]
. aigu
. tendu
. labial

[u]
. grave
. tendu
. labial

DIAGNOSTIC

Le son [y] est assimilé :

▷ à [u] (*ex :* les hispanophones, les italophones etc.)
il s'agit dans ce cas de renforcer l'acuité puisque [y] est plus aigu que [u].

▷ à [i] (*ex :* les Slaves, parfois aussi les hispanophones etc.)
il s'agit dans ce cas de renforcer la labialité puisque [y] est labial.

▷ à [jy] (*ex :* les Japonais lorsque le [y] se trouve à l'initiale d'un mot comme dans « une »)
Dans ce cas, il faut demander aux élèves d'anticiper la labialité avant d'émettre le [y]. Ce son sera d'autant plus facile à prononcer qu'il sera suivi ou précédé d'une consonne labiale.

▷ à [ju] (*ex :* les anglophones)
On procédera de la même manière en renforçant toutefois l'acuité par un entourage consonantique aigu [ʃ] ou [ʒ]. Ce contexte étant limité, on peut avoir recours à un schéma intonatif montant.

ex : il est têtu ?

Pour les anglophones qui parfois prononcent plutôt [y] au lieu de [u], il est nécessaire de recourir au schéma intonatif descendant qui renforce l'aspect grave de [u].

ACTE DE PAROLE

. Demander des informations sur quelqu'un

Ces demandes ne sont pas toujours neutres, elles peuvent être accompagnées d'un jugement.

////////////ÉCOUTE/////////

I. Indiquez si le son **[y]** se trouve dans la Ire ou la 2e syllabe des mots suivants :

	Ire	2e
minute		X
tissu		X
rugir	X	
munir	X	
nullité	X	
lucide	X	
rumine	X	
surgir	X	

2. Indiquez si vous entendez le son **[y]** ou le son **[u]** dans les mots suivants :

	[y]	[u]
rougi		X
retenu	X	
ému	X	
amuse	X	
fumée	X	
roue		X
purée	X	
écrou		X

3. Vous allez entendre une suite de mots groupés par trois. Un seul de ces mots contient le son **[y]**. Est-ce le Ier, le 2e ou le 3e mot ?

	Ier	2e	3e
rue - rit - roue	X		
si - sou - su			X
écrou - écrit - écru			X
sous - assure - assis		X	
repu - tous - asile	X		
git - joue - jus			X
tisse - sucre - rousse		X	
revit - revue - couve		X	

4. Combien de fois entendez-vous le son **[y]** dans les phrases suivantes :

- Tu nous fais la lecture ? (2)
- Il est sûr de pouvoir s'assurer ? (2)
- Surtout qu'il arrête de ruminer. (2)
- Il est ému par son succès en judo. (3)

[y]
Redressez-vous. Inspirez puis sur expiration, prononcez [y] en le faisant sortir par une petite bouche imaginaire, toute ronde, située au milieu du front. Le [y] sort aussi légèrement qu'un baiser ou une bulle de savon.

[i]
Ce qui distingue essentiellement [y] de [i], c'est la labialité. Le son [i], non labial le plus tendu des sons sort au sommet du crâne, de chaque côté de la tête, comme si vous aviez à cet endroit des cornes. Sentez-les vibrer quand vous prononcez [i]. Et maintenant, pour prononcer [y], ramenez le son au milieu de votre front et faites-le sortir par cette petite bouche gourmande.

[u]
Comme [y], le [u] est labial. Ce qui distingue alors ces deux sons, c'est l'acuité. Le son [u] qui est grave trouve son chemin le long des jambes et finit par sortir par une petite bouche imaginaire qui, elle, se trouve sous la plante des pieds.

CHORALE

Comment faire prendre conscience, avant toute explication, d'une des différences importantes entre ces trois sons : l'acuité.

Séparez la classe en 3 groupes :
— le groupe des [i]
— le groupe des [u]
— le groupe des [y]

Démarche

1 Demandez au premier groupe d'inspirer puis sur un signal de prononcer un long [i] sur expiration.

2 Faites de même avec le groupe des [u].

3 Les deux groupes s'exécutent ensemble. Demandez alors au 3ᵉ groupe si au-delà du problème d'articulation, ils ont perçu un autre phénomène.

4 On procède de même avec les groupes [i] et [y], puis [y] et [u] et enfin les trois groupes ensemble. La différence de hauteur entre les trois sons est très sensible, les étudiants s'en aperçoivent. Au-delà de la beauté de l'exercice, ce dernier est efficace.

THÉÂTRE DE SONS

Demandez à vos élèves d'imaginer un grand port.

uuuu : c'est la sirène du bateau qui signale son arrivée

yyyy : fait la passerelle métallique que l'on avance

iiii : répondent les mouettes qui accompagnent le bateau

D'autres scènes sont possibles, à vous de les inventer, ou de les faire inventer.

APPLICATION

Reformez trois groupes : le groupe des [i], le groupe des [y], le groupe des [u] qui vont se répondre ; puis alternez les groupes.

Groupe des [i]	Groupe des [y]	Groupe des [u]
dis	du	doux
fis	fut	fou
gis	jus	joue
lit	lu	loup
mi	mue	mou
ni	nu	nous
riz	rue	roue
si	su	sous
vit	vu	vous

❶ « Curieux »

[y]   *Écoutez :* Tiens, tu fais du dessin ?
Répondez : Oui, et toi, que fais-tu ?

Tiens, tu prends du vin ?	Oui, et toi, que prends-tu ?
Tiens, tu bois du thé ?	Oui, et toi, que bois-tu ?
Tiens, tu pars demain ?	Oui, et toi, quand pars-tu ?
Tiens, tu cherches tes clés ?	Oui, et toi, que cherches-tu ?
Tiens, tu vas bien ?	Oui, et toi, comment vas-tu ?
Tiens, tu t'appelles Félix ?	Oui, et toi, comment t'appelles-tu ?

❷ « Stupéfait »

[y]   *Écoutez :* Elle veut le lire.
Répondez : Ah, elle ne l'a pas déjà lu ?

Elle veut le recevoir.	Ah, elle ne l'a pas déjà reçu ?
Elle veut le rendre.	Ah, elle ne l'a pas déjà rendu ?
Elle veut le défendre.	Ah, elle ne l'a pas déjà défendu ?
Elle veut lui répondre.	Ah, elle ne lui a pas déjà répondu ?
Elle veut le vendre.	Ah, elle ne l'a pas déjà vendu ?
Elle veut le voir.	Ah, elle ne l'a pas déjà vu ?

❸ « Surpris »

[y]/[i]   *Écoutez :* Comme moi, elle va annuler son voyage.
Répondez : Ah bon, toi aussi, tu l'annules ?

Comme moi, elle va s'assurer contre le vol.	Ah bon, toi aussi, tu t'assures ?
Comme moi, elle va étudier ce projet.	Ah bon, toi aussi, tu l'étudies ?
Comme moi, elle a décidé de lutter.	Ah bon, toi aussi, tu luttes ?
Comme moi, elle est sûre d'elle.	Ah bon, toi aussi, tu es sûre de toi ?
Comme moi, elle est très déçue.	Ah bon, toi aussi, tu es déçue ?
Comme moi, elle veut élucider ce problème.	Ah bon, toi aussi, tu veux l'élucider ?

❹ « Tu imagines ? »

[y]/[i]   *Écoutez :* Drôle de réussite !
Répondez : Oui, mais qu'est-ce qu'elle va faire de cette réussite ?

Drôle de musique !	Oui, mais qu'est-ce qu'elle va faire de cette musique ?
Drôle d'institut !	Oui, mais qu'est-ce qu'elle va faire de cet institut ?

Drôle de mini-jupe!	Oui, mais qu'est-ce qu'elle va faire de cette mini-jupe?
Drôle de cocotte-minute!	Oui, mais qu'est-ce qu'elle va faire de cette cocotte-minute?
Drôle de tissu!	Oui, mais qu'est-ce qu'elle va faire de ce tissu?
Drôle d'enfant, cette Julie!	Oui, mais qu'est-ce qu'elle va faire de Julie?

❺ « Surprenant »

[y]/[u]

Écoutez : Tu as noté son refus?
Répondez : Oui, pourquoi elle refuse comme ça?

Tu as noté ses jugements?	Oui, pourquoi elle juge comme ça?
Tu as noté son émotion?	Oui, pourquoi elle est émue comme ça?
Tu as noté ses abus?	Oui, pourquoi elle abuse comme ça?
Tu as noté sa déception?	Oui, pourquoi elle est déçue comme ça?
Tu as noté ses ruses?	Oui, pourquoi elle ruse comme ça?
Tu as noté ses gestes?	Oui, pourquoi elle gesticule comme ça?

❻ « Question d'habitude »

[i]/[y]/[u]

Écoutez : Ça y est, je l'ai retournée.
Répondez : Et elle, tu crois qu'elle a l'habitude de la retourner?

Ça y est, je l'ai roulée.	Et elle, tu crois qu'elle a l'habitude de la rouler?
Ça y est, je l'ai couverte.	Et elle, tu crois qu'elle a l'habitude de la couvrir?
Ça y est, je l'ai jouée.	Et elle, tu crois qu'elle a l'habitude de la jouer?
Ça y est, je l'ai cousue.	Et elle, tu crois qu'elle a l'habitude de la coudre?
Ça y est, je l'ai doublée.	Et elle, tu crois qu'elle a l'habitude de la doubler?
Ça y est, je l'ai découpée.	Et elle, tu crois qu'elle a l'habitude de la découper?

❼ « Dis-nous dans quel but! »

[i]/[y]/[u]

Écoutez : J'ai trouvé plein de tissus.
Répondez : Mais dans quel but tous ces tissus?

J'ai rapporté plein de tapis.	Mais dans quel but tous ces tapis?
Je vais garder ces images.	Mais dans quel but toutes ces images?
Je vais conserver ces pots de confiture.	Mais dans quel but tous ces pots de confiture?
J'ai reçu plein de piments.	Mais dans quel but tous ces piments?
J'ai acheté un lot de rideaux.	Mais dans quel but tous ces rideaux?
J'ai déniché de vieux bijoux.	Mais dans quel but tous ces vieux bijoux?

❽ « Tu as dit : tout ? »

[i]/[y]/[u] *Écoutez :* Tu sais, il sucre tous ses aliments.
Répondez : Non vraiment, il sucre tout?

Tu sais, il refuse n'importe quoi
en ce moment.

Non vraiment, il refuse tout?

Tu sais, il rumine tous ses problèmes.

Non vraiment, il rumine tout?

Tu sais, il bouscule ses habitudes
et ses employés.

Non vraiment, il bouscule tout?

Tu sais, il fume n'importe quoi.

Non vraiment, il fume tout?

Tu sais, il s'amuse de n'importe quoi.

Non vraiment, il s'amuse de tout?

Tu sais, il n'arrête pas de juger.

Non vraiment, il juge tout?

///////////////ÉCRITURE///////////

I. Écoutez les phrases suivantes et soulignez la lettre qui correspond au son **[y]**.

Tu t'amuses avec ces rubans ?
Tu as aperçu ma nouvelle voiture ?
C'est très dur de s'arrêter de fumer !

Comment s'écrit le son **[y]** ici ?

2. Écoutez les phrases suivantes et soulignez la lettre qui correspond au son **[i]**.

Il lit des livres très difficiles.
Est-ce qu'elle sourit quand il dit toutes ces bêtises.

Comment s'écrit le son **[i]** ici ?

3. Écoutez les phrases suivantes et soulignez les lettres qui correspondent au son **[u]**.

Vous allez bien ? Vous êtes souriante aujourd'hui.
Je le trouve très courageux de courir tous les matins.

Comment s'écrit le son **[u]** ici ?

4. Remplacez les blancs par les lettres « i », « u », « ou » selon ce que vous entendez.

Bonj__r L__c__e, je te tr__ve rav__ssante auj__rd'hui, l'air de la v__lle te
ré__ss__t on d__rait. Oh t__ as __ne j__pe s__perbe, j__ste au-dess__s
d__ gen__, c'est t__t-à-fait la mode mais ce t__ss__ de vel__rs r__ge fait
un peu vieux jeu.

20

Oh dis donc, t__ as l'__rlet déc__s__. Mais p__rquoi t__ fais cette m__e, j'ai d__t quelque chose qu__ t'a dépl__ ?
Bon, je f__le, sal__t !

R : Bonjour Lucie, je te trouve ravissante aujourd'hui, l'air de la ville te réussit, on dirait. Oh, tu as une jupe superbe, juste au-dessus du genou, c'est tout à fait la mode mais ce tissu de velours rouge fait un peu vieux jeu.
Oh, dis donc, tu as l'ourlet décousu. Mais pourquoi tu fais cette mine, j'ai dit quelque chose qui t'a déplu ?
Bon, je file, salut !

////////////////RÉCRÉATION////////////////

café bouillu café foutu

I. « JULES A DIT »

Vous divisez la classe en deux équipes. L'équipe des [y] et l'équipe des [u].
Si vous dites « Jules a dit : SUR », l'équipe des [y] lève la main.
Quand vous dites « Jules a dit : SOURD », l'équipe des [u] lève la main.
Mais quand vous dites un mot sans le faire précéder par « Jules a dit », personne ne lève la main. Celui qui se trompe est éliminé.

Jules a dit : POUR
Jules a dit : PUR
Jules a dit : LOURD
---------- : SOURD
Jules a dit : VOITURE
---------- : MUR
Jules a dit : RUE
---------- : BOULE
---------- : FUMÉE
Jules a dit : FOU

2. DEVINETTE

Un élève sort de la classe. Les autres choisissent un objet ou un animal contenant le son [y]

> *ex :* une tortue
> un tutu

L'étudiant revient et doit deviner le mot choisi en posant des questions auxquelles on répond par des phrases complètes.

3. MIME

Écrivez sur de petits papiers des actions différentes (une action par papier) contenant chacun un ou plusieurs [y]

> *ex :* fumer une cigarette
> suspendre une plume contre le mur
> jouer de la flûte

Chaque élève tire au hasard un de ces petits papiers et mime devant ses camarades l'action qui est indiquée. Les autres doivent la deviner.

4. JEU DU TÉLÉPHONE

Les élèves sont assis en cercle. Une personne choisit un message, une phrase contenant un maximum de [y]

> *ex :* « Zut, mon ruban est fichu »

et murmure ce message à l'oreille de son voisin qui doit à son tour le transmettre et ainsi de suite. La dernière personne doit dire tout haut ce qu'elle a entendu.

5. CRÉATION D'UN POÈME

Écrivez au tableau tous les mots contenant un [y] proposés par les élèves.

> *ex :* lune, mesure, brûler, lucide, murmure, sur, le mur, etc.

Puis, demandez-leur de sélectionner les mots qui semblent pouvoir s'associer dans l'écriture d'un poème (travail collectif ou individuel).

Voici la production d'une étudiante colombienne (2e année de français)

> *Le loup et la lune*
>
> Les nuages, le silence et la nuit
> La lune, muse sans mesure
> Je veux lui dire
> Les mots les plus fous
> Je brûle furieux
> Je hurle lucide
> Elle. Suspendue
> Tout au fond de la nuit
> Séduisante
> Lointaine
> Murmure.
> Un air d'amour
> S'allume sur le mur
>
> Patricia GARCIA

(Seule l'orthographe a été corrigée)

6. DIALOGUES : Au téléphone et dans la rue

— Salut, comment vas-tu ?
— Super bien.
— Drôlement réussie ta boum !
— Tu crois que ça leur a plu ?
— Mais ma puce, tu me tues avec tes questions stupides !

— Allo Julie, bonjour, c'est Hubert, tu vas bien ?
— Oui, ça va merci.
— Lucien est là ?
— Je suis désolée, il a dû sortir subitement, un appel urgent.
— Bon ben, je rappellerai dans une heure. Salut.
— Au revoir Hubert.

— Allo Paul, c'est Julien
— Salut, comment vas-tu ?
— Bien merci, on peut se voir, ce soir ?
— Bien sûr !
— Je passe te prendre en voiture ; six heures, ça te va ?
— Très bien, je t'attendrai au coin de la rue.
— Bon ben, à ce soir.

— Excuse-moi Luc, tu n'as pas de nouvelles de Hugues, ça fait un moment qu'on ne l'a pas vu.
— Comment ! Tu ne sais pas ? Il liquide tout.
— Vraiment ! Il liquide tout ?
— Oui, et il vient d'ouvrir une petite usine ou si tu préfères une fabrique de tissus.
— Des tissus ? Mais dans quel but ? Tu crois qu'il a l'habitude de ce type de boulot ?
— Oh, tu sais, l'habitude ! Du moment que c'est lucratif !

7. POÈMES

Les Puces

A Pic-,
     pus,
Les puces
     piquent.

Jean-Luc Moreau

Extrait de « L'arbre perché »
in *Enfance heureuse*
© Éditions Ouvrières

Si

Si tous les si
Avaient des scies
Je vous assure
Qu'on ne manquerait pas
Qu'on ne manquerait plus
De sciure
Pour nos confitures

Paul Vincensini

Pour un musée des amusettes (Tire-Lyre I)
© L'École des Loisirs, 1977

Colère

T'es-tu,
T'es-tu dit,
Têtu!
Que tu m'importunes?
Têtu, dis!
Têtu!
T'es-tu dit
Que tu roucoules pour des prunes,
T'es-tu dit,
Têtu,
Que tu m'amuses,
Toi qui muses,
Et que tes muses
M'exaspèrent?
T'es-tu dit,
Têtu,
Que tu m'uses
Et me désespères?
Tu dis, têtu, que tu m'aimes?
Chanson, baratin, poème!
Et que fais-tu,
Fêtu?
Va-t-en!
Attends,
Têtu!
Que je te dise, moi,
Que tu, que tu,
Que tu me tues
Têtu!
Têtu!
Tais-toi!

Jean Desmeuzes

La Nouvelle guirlande de Julie
© Éditions Ouvrières
«Enfance heureuse», 1976
Matière charmée
© Éditions Saint-Germain-des-Prés, 1979

LES VOYELLES

les sons

[e]

[ə] [ɛ]

FICHE TECHNIQUE

PORTRAIT

[e]
.aigu
.tendu
.non labial

[ə]
.grave
.tension moyenne
.labial

[ɛ]
.aigu
.relâché
.non labial

DIAGNOSTIC

Le [ə] n'existe pas dans certaines langues :

▷ Les élèves assimilent le [ə] à [ẹ] * (ex : les hispanophones, les italophones, etc.). Il faut alors faire acquérir le phénomène de la labialité.

▷ Les élèves assimilent le [ə] à [ɔ] (ex : les arabophones). Il faut alors travailler *l'acuité*. Cette confusion sera traitée plus en détail dans la leçon suivante.

Avec les élèves qui ne marquent pas suffisamment la distinction entre [e] et [ɛ] en syllabe accentuable, on travaillera l'opposition tendu/relâché.

Par ailleurs, les anglophones ont tendance à diphtonguer le [e] et le [ɛ]. Pour éviter le relâchement en fin d'émission, on veillera à faire produire ces 2 sons de manière brève et tendue.

Les élèves prononcent [i] au lieu de [ə] ou de [e] (ex : les arabophones). Dans le premier cas, il faut faire acquérir la labialité, dans le second, il faut faire diminuer la tension.

*[ẹ] représente une réalisation moyenne entre la voyelle fermée et la voyelle ouverte.

ACTE DE PAROLE

.demander de faire

I. Mettez une croix dans la colonne = si les deux mots prononcés sont identiques ou dans la colonne ≠ s'ils sont différents.

[ə] / [e]

	≐	≠
le / les		X
de / dé		X
mes / mes	X	
dessus / déçu		X
te / te	X	
se / ses		X
thé / te		X
debout / des bouts		X

[e] / [ɛ]

	=	≠
mes / mais		X
ré / raie		X
sait / sait	X	
dais / dé		X
lait / les		X
fée / fait		X
nait / nez		X
refait / refait	X	

2. Entendez-vous le son [ə] ou le son [e] dans les mots suivants :

	[ə]	[e]
dessus	X	
reviens	X	
des		X
repas	X	
départ		X
reprends	X	
leçon	X	
déçu		X

3. Indiquez si le son [ə] se trouve dans la 1ʳᵉ ou la 2ᵉ syllabe des mots suivants :

	1ʳᵉ	2ᵉ
mercredi		X
remercier	X	
levée	X	
vendredi		X
tristement		X
recette	X	
jeter	X	
vertement		X

4. Indiquez si vous entendez le son [e] ou le son [ɛ] dans les mots suivants :

	[e]	[ɛ]
fait		X
mais		X
sel		X
fée	X	
mêle		X
serre		X
vécu	X	
clé	X	

////////////////////////IMAGES////////////////////////

[ə]
est un son grave, labial et légèrement tendu. Pour favoriser son émission, faites-le sortir par le menton que vous pointez en avant.
Inspirez, puis sur l'expiration, menton en avant, prononcez votre [ə] en continu.

[e]

est un son qui semble sortir directement de chaque côté des oreilles, puisque [e] est non labial (écarté) et plus tendu que [ə]. Redressez-vous, vos oreilles sont comme des antennes et souriez. Vous êtes prêt à émettre un [e]. Au fur et à mesure que vous expirez, vous vous dégonflez, votre bouche s'arrondit, levez juste un peu le menton et vous obtenez un [ə] en bout de souffle.

Jouez plusieurs fois de suite à la poupée qui se gonfle et qui se dégonfle. Aidez-vous de vos bras qui s'écartent pour [e] et qui s'arrondissent pour [ə].

[ɛ]

est également un son qui sort du côté des oreilles. Pour bien sentir les vibrations qui accompagnent son émission, pincez délicatement le lobe de l'oreille et tirer doucement de chaque côté. Faites ce geste ensuite mentalement en prononçant le son [ɛ] qui s'échappe par chacun de vos lobes. Le fait de tirer vers le bas accentue l'ouverture du [ɛ] par rapport au [e].

Alternez [ɛ] et [ə] en écartant vos coudes et en arrondissant vos bras.

[ɔ] est un son qui sort du milieu de votre poitrine, les épaules bien relâchées. Si les élèves prononcent [ɔ] au lieu de [ə], faites remonter le son jusqu'au menton légèrement tendu en avant. Accompagnez ce son d'un geste de la main.

APPLICATION

Revenons au [ə] et, en pensant à lever le menton, faites répéter les phrases suivantes :

[ə]

tape-le
dis-le
couds-le
sauve-le
cache-le

Maintenant, pour faire sentir la différence entre [ɛ] et [ə] ou [e] et [ə], demandez à vos élèves de répéter les phrases suivantes en utilisant les avant-bras et les mains comme des essuie-glaces : écartés pour [ɛ] ou [e] et ramenés au centre pour [ə] :

[ɛ] / [ə]	lève-le sèche-le mène-le ferme-le baisse-le	[e] / [ə]	sortez-le cachez-le mimez-le couvrez-le mangez-le

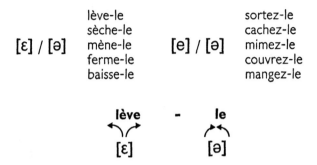

Ce même exercice peut se faire pour les élèves qui prononcent [i] au lieu de [ə]. Demandez alors à vos élèves de prononcer les mots suivants en s'aidant de leurs bras :

[ə] / [i]   petit
demi
semi
relis   pe   tit

Pour les élèves qui prononcent [ɔ] au lieu de [ə], faites répéter les phrases suivantes : menton baissé sur la poitrine pour [ɔ], menton pointé en avant pour [ə]

[ɔ] / [ə]   sors-le
mords-le
vote-le

Et pour terminer, un petit mélange :

[ɛ/ e / ɔ / i / ə]	coche-le tords-le lève-le baisse-le sors-le déchire-le remercie-le	coche-les tords-les lève-les baisse-les sors-les déchire-les remercie-les

////////////////GAMMES////////////////

1 « Sur-le-champ »

[ə]
Écoutez : Il faudrait repartir, non ?
Répondez : D'accord, repartons tout de suite.

Il faudrait retourner à la maison, non ? D'accord, retournons tout de suite.
Il faudrait mener la petite au parc, non ? D'accord, menons-la tout de suite.
Il faudrait prendre la clé, non ? D'accord, prenons-la tout de suite.
Il faudrait revenir par là, non ? D'accord, revenons tout de suite.
Il faudrait lancer le débat, non ? D'accord, lançons-le tout de suite.
Il faudrait reprendre au début, non ? D'accord, reprenons tout de suite.

2 « Ne recommence pas ! »

[ə]
Écoutez : Je reprends ce livre ?
Répondez : Non justement, ne le reprends surtout pas !

Je redonne ton numéro de téléphone ? Non justement, ne le redonne surtout pas !
Je recontacte le propriétaire ? Non justement, ne le recontacte surtout pas !
Je reloue ton appartement ? Non justement, ne le reloue surtout pas !
Je reconduis Pierre ? Non justement, ne le reconduis surtout pas !
Je reporte le cours ? Non justement, ne le reporte surtout pas !
Je relance mon client ? Non justement, ne le relance surtout pas !

3 « Mais s'il te plaît »

[ə]/[ɛ]
Écoutez : Ah non, je ne peux pas boire ce vin.
Répondez : Mais si enfin, bois-le !

Ah non, je ne peux pas conduire ce camion. Mais si enfin, conduis-le !
Ah non, je ne peux pas faire ce voyage. Mais si enfin, fais-le !
Ah non, je ne peux pas retenir ton père à manger. Mais si enfin, retiens-le !
Ah non, je ne peux pas asseoir le petit. Mais si enfin, assois-le !
Ah non, je ne peux pas demander ce renseignement. Mais si enfin, demande-le !
Ah non, je ne peux pas lire cet article. Mais si enfin, lis-le !

LES VOYELLES. 31

4 « Il n'y a qu'à demander ! »

[ə] [e]
[ø]
[ɛ]

Écoutez : Je vous remplace ce soir ?
Répondez : Oui, vous pourriez encore me remplacer ?

Je vous rends ce service ?	Oui, vous pourriez encore me rendre ce service ?
Je vous poste ça ?	Oui, vous pourriez encore me poster ça ?
Je vous débarrasse de ça ?	Oui, vous pourriez encore me débarrasser de ça ?
Je vous renseigne ?	Oui, vous pourriez encore me renseigner ?
Je vous rembourse ?	Oui, vous pourriez encore me rembourser ?
Je vous répare ça ?	Oui, vous pourriez encore me réparer ça ?

5 « Hier... »

[ɛ]

Écoutez : Elle chante ça plutôt bien, non ?
Répondez : Mais alors toi, chante comme elle chantait hier.

Elle dessine ça plutôt bien, non ?	Mais alors toi, dessine comme elle dessinait hier.
Elle danse ça plutôt bien, non ?	Mais alors toi, danse comme elle dansait hier.
Elle mime ça plutôt bien, non ?	Mais alors toi, mime comme elle mimait hier.
Elle s'exprime plutôt bien, non ?	Mais alors toi, exprime-toi comme elle s'exprimait hier.
Elle joue ça plutôt bien, non ?	Mais alors toi, joue comme elle jouait hier.
Elle marchande plutôt bien, non ?	Mais alors toi, marchande comme elle marchandait hier

6 « Immédiatement »

[e]

Écoutez : Je tape les lettres ?
Répondez : Oui, vous voudrez bien les taper rapidement.

Je range les dossiers ?	Oui, vous voudrez bien les ranger rapidement.
J'achète les timbres ?	Oui, vous voudrez bien les acheter rapidement.
J'envoie les paquets ?	Oui, vous voudrez bien les envoyer rapidement.
Je note les rendez-vous ?	Oui, vous voudrez bien les noter rapidement.
Je classe les fiches ?	Oui, vous voudrez bien les classer rapidement.
Je rédige les rapports ?	Oui, vous voudrez bien les rédiger rapidement.

7 « Comme c'est agréable ! »

[e]/[ɛ]

Écoutez : Alors, je chante ce morceau ou quoi ?
Répondez : Ah ben oui, ça serait gentil que vous le chantiez.

Alors, j'apporte des fleurs ou quoi ?	Ah ben oui, ça serait gentil que vous en apportiez.
Alors, je viens vous voir ou quoi ?	Ah ben oui, ça serait gentil que vous veniez me voir.

Alors, je lui commande des croissants ou quoi ?	Ah ben oui, ça serait gentil que vous lui en commandiez.
Alors, je fais les courses ou quoi ?	Ah ben oui, ça serait gentil que vous les fassiez.
Alors, je lui téléphone ou quoi ?	Ah ben oui, ça serait gentil que vous lui téléphoniez.
Alors, je lui envoie des chocolats ou quoi ?	Ah ben oui, ça serait gentil que vous lui en envoyiez.

///////////////ÉCRITURE//////////

1. Écoutez la phrase suivante et soulignez la lettre qui correspond au son [ə].

Ne reviens pas ce soir me chercher, je ne serai de retour que mercredi.

Comment s'écrit le son [ə] ici ?

2. Écoutez la phrase suivante et soulignez la lettre ou les lettres qui correspondent au son [e].

Du thé ou du café pour le petit déjeuner ?

Où as-tu mis la clé ? Il ne faut pas oublier de l'envoyer en recommandé.

Comment s'écrit le son [e] ici ?

3. Écoutez les phrases suivantes et soulignez la ou les lettres qui correspondent au son [ɛ].

Il faudrait que tu te lèves très tôt si tu veux que je t'aide. Si tu fais des progrès en anglais ta mère sera satisfaite.

Comment s'écrit le son [ɛ] ici ?

4. Remplacez les blancs par la lettre « e » ou la lettre « é » selon ce que vous entendez.

Sois s__rieux n__ r__viens pas tard, il n'y a qu'une cl__ ; j'ai d__cid__ qu__ j__ n__ r__gard__rai pas la t__l__vision c__ soir.

R : Sois sérieux, ne reviens pas tard, il n'y a qu'une clé ; j'ai décidé que je ne regarderai pas la télévision ce soir.

5. Remplacez les blancs par la lettre « e » ou les lettres « ai » selon ce que vous entendez.

Tu devr__s f__re l__ r__pas avant qu'il n__ r__parte, il a r__son de r__prendre la route sans dél__.

R : Tu devrais faire le repas avant qu'il ne reparte, il a raison de reprendre la route sans délai.

Je te tiens Tu me tiens par la barbichette

I. LE TEMPS QUI PASSE

Les élèves sont assis en cercle. L'un d'entre eux a dans ses mains un petit coussin ou une pelote de laine qu'il va lancer à un de ses camarades en disant par exemple :

ex : j'ai couru (j'ai = $[e]$)

Celui qui reçoit l'objet devra dire : je cours (je = $[ə]$). A son tour, il lancera le coussin en disant par exemple :

ex : j'ai terminé

et un camarade de répondre : je termine.

2. PHRASES À TERMINER

La classe se constitue en deux groupes. Donnez au hasard une forme verbale (le présent, l'impératif ou le participe passé) contenant $[ə]$ ou $[e]$ ou les deux :

ex : je regarde / Passez

Un des élèves doit immédiatement composer une phrase dont le complément lui aussi contiendra un $[ə]$, un $[e]$ ou un $[ɛ]$

Réponse : je regarde la mer / Passez-moi le sel

L'étudiant qui a trouvé en premier une réponse correcte fait gagner un point à son équipe.

3. SAVEZ-VOUS PASSER DE-CI DE-LÀ

Les élèves sont assis en rond autour d'une table ou à même le sol. Devant chacun d'entre eux : un objet (une clé, un porte-monnaie, une chaussure ; plus
les objets sont hétéroclites et différents, plus c'est amusant). Vient la chanson
qu'ils doivent mémoriser :

> Savez-vous passer de-ci, de-ci, de-là
> Savez-vous passer ceci sans vous tromper

Il s'agit de faire passer, à son voisin de droite, en rythme, d'abord lentement
puis de plus en plus rapidement, l'objet qui se trouve devant soi, sans se tromper et sans accumuler.

Le schéma est le suivant :

Savez-vous	(on passe l'objet sur VOUS)
passer	(on passe l'objet sur -SER)
de-ci de-ci	(on passe l'objet sur le deuxième CI)
de-là	(on passe l'objet sur LÀ)
Savez-vous	(on passe l'objet sur VOUS)
passer	(on passe l'objet sur -SER)
ceci sans vous	
tromper	(à CI, on présente l'objet à son voisin de droite sans le lâcher, toujours sans le lâcher on le présente à son voisin de gauche sur VOUS, on finit par le poser de nouveau à droite sur la dernière syllabe -PER, cette fois-ci en lâchant l'objet pour reprendre celui qui a été placé devant soi et recommencer le tout de plus en plus vite).

Ce jeu n'en a pas l'air, mais il est extrêmement drôle !

4. UN CONTE

Au tableau cinq colonnes :

- la colonne des personnes (personnages, personnalités, professions, héros, etc.)
- la colonne des objets
- la colonne des verbes
- la colonne des adjectifs
- la colonne des adverbes

Pêle-mêle, les élèves citent des noms contenant un [e] ou un [ə] (ou même
des [ɔ] si le problème les concerne) afin de remplir rapidement le tableau.
Puis, seul ou à deux, ils inventent une histoire en se servant du maximum de
mots inscrits sur le tableau.

5. RECETTE :   *Nectar de melon*

1 litre de lait
2 dl de crème fraîche
3 cuillerées à café de miel ou de sucre semoule
1 pincée de canelle
le jus d'un demi-citron vert
1 melon
1 filet de Grand Marnier

Partagez le melon en deux et retirez les graines avec une cuillère à café. Ensuite videz le melon et coupez-le en petits dés. Ajoutez les dés de melon aux autres ingrédients et passez-le tout au mixer pendant trente secondes, à vitesse maximale. Versez le liquide dans des verres et décorez-le avec des rondelles de citron vert, ou des cerises, selon votre préférence.
Servez bien frais !
À votre santé !

Vous pouvez aussi préparer cette recette (ou une autre) à la maison, apporter la boisson en classe, la faire goûter aux élèves et leur demander les ingrédients qui la composent.
Puis faites composer d'autres recettes, après avoir trouvé collectivement des ingrédients contenant les sons étudiés.
Quelques idées ?

- le pamplemousse aux crevettes
- le steak de cheval aux petits navets

6. POÈME

Étude en de mineur

Le ciel était de nuit
la nuit était de plainte
la plainte était d'espoir.

Les yeux étaient de lèvres
les lèvres étaient d'aube
la source était de neige

Ma vie était de flamme
ma flamme était de fleuve
le fleuve était de bronze

le bronze était d'aiguille
l'aiguille était d'horloge
l'horloge était d'hier :

elle est de maintenant.
Maintenant est de terre
maintenant est de pierre
maintenant est de pluie.

Ma rive est de silence
mes mains sont de feuillage
ma mémoire est d'oubli.

Jean Tardieu

« Monsieur, Monsieur »
in *Le fleuve caché*
© Éditions Gallimard, 1981

LES VOYELLES

les sons

[ø] [œ]

[o] [ɔ]

FICHE TECHNIQUE

PORTRAIT

[ø]
. aigu
. tendu
. labial

[o]
. grave
. tendu
. labial

[œ]
. aigu
. relaché
. labial

[ɔ]
. grave
. relaché
. labial

DIAGNOSTIC

La plupart des élèves ont beaucoup de mal à différencier ces quatre voyelles. Elles sont toutes les quatre labiales mais ce qui les distingue entre elles c'est, d'une part, *l'acuité* et, d'autre part, *la tension*.

▷ Les sons [ø] et [œ] sont très souvent prononcés soit [ǫ]* soit [ɵ]*. Dans le premier cas (*ex. :* les arabophones, les Iraniens, etc.), il s'agit de mettre en évidence le caractère aigu du [ø] et du [œ] ; dans le second cas (*ex. :* les hispanophones, les Slaves, etc.), il faut souligner la labialité du [ø] et du [œ].

▷ Lorsque la voyelle [o] est diphtonguée (*ex.:* les anglophones), il faut veiller à faire produire ce son de manière tendue et brève afin d'éviter le relâchement en fin d'émission.

▷ Lorsque [u] est prononcé à la place de [ø] (*ex.:* les arabophones), il faut souligner le caractère aigu de [ø].

Remarque : Dans la pratique de la langue, les sons [œ] et [ə] ont une réalisation semblable, sauf dans certains parlers régionaux où la différence est perceptible.

* [ǫ] et [ɵ] représentent une réalisation moyenne entre la voyelle fermée et la voyelle ouverte.

ACTE DE PAROLE

. demander et donner la permission.

ÉCOUTE

1. Mettez une croix dans la colonne « = » si les deux mots prononcés sont identiques ou dans la colonne « ≠ » s'ils sont différents.

[ɛ]/[œ]

	=	≠
mère/meurt		X
beurre/beurre	X	
neuf/nef		X
l'air/leur		X
peur/père		X
sert/sœur		X
guerre/guerre	X	
seul/sel		X

[ɔ]/[œ]

	=	≠
bord/beurre		X
cœur/corps		X
leur/leur	X	
sort/sœur		X
mort/meurt		X
essore/essore	X	
sol/seul		X
peur/port		X

2. Vous allez entendre une suite de mots groupés par trois. Un seul de ces mots contient le son [œ]. Est-ce le 1er, le 2e ou le 3e mot ?

	1er	2e	3e
cœur/corps/Caire	X		
mêle/meule/molle		X	
sol/sel/seul			X
l'or/l'air/leur			X
belle/bol/bœuf			X
plaire/pleure/implore		X	
peur/port/père	X		
gueule/guerre/encore	X		

LES VOYELLES. 39

3. Indiquez si vous entendez le son **[ø]** ou le son **[œ]** dans les mots suivants :

	[ø]	[œ]
danseuse	X	
coiffeur		X
fauteuil		X
feutre	X	
veuf		X
nœud	X	
vœu	X	
glaïeul		X

4. Indiquez si vous entendez le son **[ø]** ou le son **[o]** dans les mots suivants :

	[ø]	[o]
beau		X
nôtre		X
émaux		X
neutre	X	
feu	X	
pauvre		X
émeut	X	
bœufs	X	

5. Indiquez si vous entendez le son **[ø]** ou le son **[u]** dans les mots suivants :

	[ø]	[u]
peu	X	
précieux	X	
cou		X
queue	X	
poux		X
cheveux	X	
veûle	X	
remous		X

[ø]

Inspirez, puis sur expiration, prononcez **[ø]** en continu en le faisant sortir par le petit creux qui se situe au centre, entre la base du nez et la lèvre supérieure, comme si vous aviez à cet endroit un petit trou tout rond, aux bords tendus, puisque **[ø]** est un son labial. Exercez-vous à sentir des vibrations à cet emplacement quand s'échappe votre **[ø]**.

[œ]

Inspirez, puis sur expiration, prononcez **[œ]** en le faisant sortir au même endroit que précédemment mais avec l'impression que ce creux s'allonge jusqu'à former une goutte.

[o]

Ce son grave et rond, vous allez le chercher dans le ventre. C'est en son centre qu'il va sortir. Bien installé sur vos jambes, gonflez-vous d'air, puis sur expiration vous allez prononcer **[o]** en continu. En vous concentrant sur votre ventre, vous sentirez à cet endroit des vibrations.

[ɔ]

Ce son plus relâché et légèrement plus aigu que **[o]** se situe au milieu de la poitrine. Imaginez à cet endroit un ovale par lequel va sortir le **[ɔ]**. Pour bien sentir la différence entre les sons **[o]** et **[ɔ]** exercez-vous à produire d'abord **[o]** en continu puis **[ɔ]** en fin d'expiration, en relâchant complètement les épaules.

APPLICATION

1. Les élèves prononcent [ɋ] à la place de [ø] ou [œ]. Dans ce cas, il s'agit de faire remonter le son afin qu'il sorte à l'endroit que nous avons découvert pour la production de [ø] ou [œ]. Puis faites répéter les mots suivants :

beau	bœufs	lors	leur
dos	deux	mort	meurs
sot	ceux	corps	cœur
faux	feu	vol	veule

2. Les élèves prononcent [ɇ] ou [ɛ] au lieu de [ø], c'est-à-dire qu'ils écartent au lieu de labialiser. Il faut, dans ce cas, ramener le son à la base du nez et le faire sortir à l'endroit que nous lui avons attribué. En faisant répéter les mots suivants, on peut s'aider de ses mains (cf. essuie-glace en marche).

fais	feu
dais	deux
jet	jeu
quai	queue
mais	meut
paix	peu

[ɛ]   [ø]

Pendant l'exercice, demandez à vos élèves de se concentrer également sur le trajet que va effectuer dans leur corps le [ɛ] puis le [ø] (oreilles/base du nez).

3. Les élèves prononcent [ɛ] au lieu de [œ], faites faire le même exercice que précédemment en laissant tomber davantage les mains sur [œ] que sur [ø] :

mer	meurt
père	peur
sel	seul
l'air	leur
guerre	gueule
nef	neuf

[ɛ]   [œ]

4. Les élèves prononcent [u] au lieu de [ø]. Le son [u] nous l'avons vu est un son grave qui sort sous la plante des pieds. Dans ce cas, les bras ne seront pas très utiles, puisque les deux sons sont labiaux. Par contre, en faisant répéter les mots suivants, dites à vos élèves de voyager avec le son, de le sentir glisser le long du corps et s'échapper par la plante des pieds pour [u] ou remonter et sortir par le creux que nous avons localisé à la base du nez pour [ø].

doux	deux	mou	meut
sou	ceux	nous	nœud
fou	feu	poux	peu
cou	queue	vous	vœu

❶ « Je peux... ? »

[ø]

Écoutez : Est-ce que je peux faire un nœud ?
Répondez : Un nœud, quand tu veux !

Est-ce que je peux faire un vœu ?
Est-ce que je peux réparer ce pneu ?
Est-ce que je peux faire du feu ?
Est-ce que je peux teindre ces vêtements en bleu ?
Est-ce que je peux dessiner au feutre ?
Est-ce que je peux inventer un jeu ?

Un vœu, quand tu veux !
Ce pneu, quand tu veux !
Du feu, quand tu veux !
En bleu, quand tu veux !

Au feutre, quand tu veux !
Un jeu, quand tu veux !

❷ « Très ambitieuse »

[ø]/[ɛ]

Écoutez : Elle aime bien danser.
Répondez : Dis et moi, je pourrais devenir danseuse ?

Elle aime bien acheter.
Elle aime bien vendre.
Elle aime bien coiffer.
Elle aime bien masser.
Elle aime bien chanter.
Elle aime bien jouer au tennis.

Dis et moi, je pourrais devenir acheteuse ?
Dis et moi, je pourrais devenir vendeuse ?
Dis et moi, je pourrais devenir coiffeuse ?
Dis et moi, je pourrais devenir masseuse ?
Dis et moi, je pourrais devenir chanteuse ?
Dis et moi, je pourrais devenir joueuse de tennis ?

❸ « Allez, mon vieux ! »

[ø]/[e]/[ɛ]

Écoutez : Allez, montre un peu plus de courage.
Répondez : Si j'étais plus courageux, je pourrais aller avec eux ?

Allez, montre un peu plus de joie.

Allez, montre un peu moins de paresse.

Allez, montre un peu plus de chaleur.

Allez, montre un peu moins de vanité.

Allez, montre un peu moins d'anxiété.

Allez, montre un peu moins ta peur.

Si j'étais plus joyeux, je pourrais aller avec eux ?

Si j'étais moins paresseux, je pourrais aller avec eux ?

Si j'étais plus chaleureux, je pourrais aller avec eux ?

Si j'étais moins vaniteux, je pourrais aller avec eux ?

Si j'étais moins anxieux, je pourrais aller avec eux ?

Si j'étais moins peureux, je pourrais aller avec eux ?

4 **«Quelle faveur!»**

[œ]   *Écoutez* : Prends donc du beurre.
                Répondez : Vraiment, ça ne t'ennuie pas que je prenne du beurre?

Reviens donc dans une heure.	Vraiment, ça ne t'ennuie pas que je revienne dans une heure?
Appelle donc ma sœur.	Vraiment, ça ne t'ennuie pas que j'appelle ta sœur?
Allez, fais-lui peur.	Vraiment, ça ne t'ennuie pas que je lui fasse peur?
Achète-lui des fleurs.	Vraiment, ça ne t'ennuie pas que je lui achète des fleurs?
Fais courir la rumeur, va!	Vraiment, ça ne t'ennuie pas que je fasse courir la rumeur?
Raconte-moi donc tes malheurs!	Vraiment, ça ne t'ennuie pas que je te raconte mes malheurs?

5 **«Sacré imitateur»**

[œ]/[e]/[ɛ] *Écoutez* : Elle tient le rôle de l'institutrice.
             Répondez : Et lui, il pourrait jouer l'instituteur?

Elle tient le rôle de la directrice.	Et lui, il pourrait jouer le directeur?
Elle tient le rôle de l'inspectrice.	Et lui, il pourrait jouer l'inspecteur?
Elle tient le rôle de la traductrice.	Et lui, il pourrait jouer le traducteur?
Elle tient le rôle de la conductrice.	Et lui, il pourrait jouer le conducteur?
Elle tient le rôle de l'actrice.	Et lui, il pourrait jouer l'acteur?
Elle tient le rôle de l'impératrice.	Et lui, il pourrait jouer l'empereur?

6 **«Oh, c'est du neuf...»**

[œ]/[ɛ]/[e]/[ɔ]   *Écoutez* : Ce bol est à jeter.
             Répondez : Alors, laisse-moi acheter un bol neuf.

Ce porte-feuille est à jeter.	Alors, laisse-moi acheter un porte-feuille neuf.
Cette robe est à jeter.	Alors, laisse-moi acheter une robe neuve.
Ces bottes sont à jeter.	Alors, laisse-moi acheter des bottes neuves.
Ce cache-col est à jeter.	Alors, laisse-moi acheter un cache-col neuf.
Ce short est à jeter.	Alors, laisse-moi acheter un short neuf.
Ce justaucorps est à jeter.	Alors, laisse-moi acheter un justaucorps neuf.

7 **«Eux tout seuls?»**

[ø]/[œ]   *Écoutez :* Je crois que je vais le laisser partir sans eux.
          Répondez : Mais eux, ils peuvent partir tout seuls?

Je crois que je vais le laisser bricoler   Mais eux, ils peuvent bricoler tout seuls?
sans eux.

Je crois que je vais le laisser rentrer   Mais eux, ils peuvent rentrer à pied tout seuls?
à pied sans eux.

Je crois que je vais le laisser jouer   Mais eux, ils peuvent jouer tout seuls?
sans eux.

Je crois que je vais le laisser revenir   Mais eux, ils peuvent revenir tout seuls?
sans eux.

Je crois que je vais le laisser dessiner   Mais eux, ils peuvent dessiner tout seuls?
sans eux.

Je crois que je vais le laisser sortir   Mais eux, ils peuvent sortir tout seuls?
sans eux.

8 **«Oh, qu'il est généreux!»**

[ø]/[o]   *Écoutez :* Oh les belles roses!
          Répondez : Dis, je peux lui apporter ces roses?

Oh le beau gâteau!   Dis, je peux lui apporter ce gâteau?
Oh le beau chapeau!   Dis, je peux lui apporter ce chapeau!
Oh les belles photos!   Dis, je peux lui apporter ces photos?
Oh le beau tableau!   Dis, je peux lui apporter ce tableau?
Oh le beau seau à glace!   Dis, je peux lui apporter ce seau à glace?
Oh le beau jeu de loto!   Dis, je peux lui apporter ce jeu de loto?

9 **«Petite pause»**

[o]   *Écoutez :* Tiens, vous vous reposez?
      Répondez : Ça vous dérange si je me repose?

Tiens, vous y allez en bateau?   Ça vous dérange si j'y vais en bateau?
Tiens, vous lisez ces journaux?   Ça vous dérange si je lis ces journaux?
Tiens, vous écoutez ce concerto?   Ça vous dérange si j'écoute ce concerto?
Tiens, vous retournez dans l'eau?   Ça vous dérange si je retourne dans l'eau?
Tiens, vous goûtez mon Bordeaux?   Ça vous dérange si je goûte votre Bordeaux?
Tiens, vous vous baladez là-haut?   Ça vous dérange si je me balade là-haut?

ÉCRITURE

1. Écoutez les phrases suivantes et soulignez les lettres qui correspondent au son [ø].

Il est très malheureux quand il ne peut pas faire de feu pour eux dans sa cheminée.

Mathieu est tout joyeux quand il trouve la règle du jeu.

Comment s'écrit le son [ø] ici ?

2. Écoutez les phrases suivantes et soulignez les lettres qui correspondent au son [œ].

Elle a passé une heure à me raconter ses malheurs. Elle était assise en pleurs dans le fauteuil, il était difficile de la laisser seule.

Comment s'écrit le son [œ] ici ?

3. Écoutez les phrases suivantes et soulignez la ou les lettres qui correspondent au son [o].

Je voudrais un gros gâteau aux pruneaux.

Écoute ce concerto sans dire un mot.

Comment s'écrit le son [o] ici ?

4. Écoutez les phrases suivantes et soulignez la lettre qui correspond au son [ɔ].

Je vais t'acheter une robe et des bottes assorties et je te les envoie par la poste.

Comment s'écrit le son [ɔ] ici ?

5. Remplacez les blancs par les lettres « eu » ou « eau » selon ce que vous entendez.

Il v__t des f__tres et du papier bl__ pour dessiner. Tu p__x demander à la vend__se de faire un paquet cad__.

Je p__x reprendre un d__xième morc__ de v__ farci, il est savour__x.

R : Il veut des feutres et du papier bleu pour dessiner. Tu peux demander à la vendeuse de faire un paquet cadeau.
Je peux reprendre un deuxième morceau de veau farci, il est savoureux.

6. Remplacez les blancs par les lettres « o » ou « eu » selon ce que vous entendez.

Je s__rs, je vais chez le coiff__r, tu p__x me passer ton p__rtef__ille. J'ai p__r d'avoir tr__p p__ d'argent.

Je v__x faire changer la coul__r de mes chev__x et ad__pter une coiffure plus m__de.

R : Je sors, je vais chez le coiffeur, tu peux me passer ton portefeuille. J'ai peur d'avoir trop peu d'argent.
Je veux faire changer la couleur de mes cheveux et adopter une coiffure plus mode.

46

//////////RÉCRÉATION//////////

Qui vole un œuf vole un bœuf

I. DEVINETTES

Les réponses que vos élèves proposeront devront contenir un [ø] ou un [o] ou un [œ]. Celui qui répond correctement fait gagner un point à son équipe.

- Qu'est-ce qui se met sur la tête .... (chapeau)
- On dit un ciel mais des .... (cieux)
- Quelqu'un qui n'est pas triste .... (joyeux, heureux)
- A certaines occasions il porte des bougies .... (gâteau)
- Les femmes aiment quand on leur en offre .... (fleurs)
- Qu'est-ce qui brûle ? .... (feu)
- On aime quand cela se réalise .... (vœu)
- Il bat très fort quand on est amoureux .... (cœur)
- Attention aux épines .... (rose)
- Elle est mauvaise conseillère .... (peur)
- On en fait en vacances .... (photos)
- Christophe Colomb en a peut-être mangé un lors d'un célèbre petit déjeuner .... (œuf)

2. MASCULIN ET FÉMININ

A partir des mots suivants, faites chercher l'adjectif au masculin puis au féminin :
    Ex : l'aventure (réponse : aventureux, aventureuse).

Formez deux équipes. Le premier qui répond fera marquer un point à son équipe. Allons-y :

- la chaleur
- la merveille
- le malheur
- le bonheur
- la peur
- la joie
- la paresse
- la pluie
- l'ennui
- l'orage
- l'anxiété
- le courage

3. LE NOM

Formez deux groupes et faites trouver le substantif à partir des adjectifs suivants :

> *Ex :* doux   la douceur

- chaud
- mince
- gros
- froid

- frais
- rond
- grand
- savoureux

4. CHARADES

Mon premier soutient la tête	:	cou
Pasteur en a découvert le vaccin	:	rage
Lui + elle forment mon troisième	:	eux
Et mon tout est téméraire	:	courageux

Faites chercher d'autres charades (ou composez-les vous-même) qui contiennent les sons étudiés.

5. JEU DES PROFESSIONS

Faites choisir des professions se terminant par le son -EUR ou -EUSE (comme vendeuse, parfumeur, serveur, etc.).
Dès qu'un élève en a trouvé une, il doit la mimer pour ses camarades qui bien sûr doivent la deviner.

6. TITRES DE FILMS

Si vous habitez dans un pays francophone, apportez des journaux en classe et faites repérer les titres de films comportant les sons qui nous intéressent. On peut également se référer à des titres de romans.

> *Ex :* La Guerre du Feu
> La Chartreuse de Parme
> Le Facteur sonne toujours deux fois
> Coup de Cœur

A l'aide de ces titres, formez-en de nouveaux :
> *Ex :* Deux facteurs pour un coup de cœur !

7. DIALOGUES

— Je peux sortir avec Pierrot et Mathieu ?
— Si tu veux, mais fais attention, ils ont des jeux drôles, d'accord ! Mais souvent dangereux !

— Je voudrais encore un peu de gâteau, je peux ? C'est délicieux !
— Ça te plaît, comme je suis heureuse !

— Ah enfin des cigarettes, donne m'en deux, tu veux bien?
— Mais mon coco, je te trouve bien nerveux!

— J'aimerais tant devenir chanteuse de tango, tu ne trouves pas ça rigolo? S'il-te-plaît!
— Si ça peut te rendre heureuse.

Demandez à vos élèves d'en inventer d'autres

Ah les vieux!

Roméo : Oh papa, je peux sortir ce soir avec Jeannot. Ils vont tous écouter de la musique chez Mathieu.
Père : Ah non, pas question. Demain tu as une épreuve de géo.
Roméo : Oh papa, laisse-moi. Je te promets de rentrer de bonne heure.
Père : Mais enfin, Roméo, tu n'es pas sérieux.
Roméo : Ça va j'ai compris, mais si je vais me coucher tôt, tu me laisseras aller jeudi au Macdo avec eux? Allez papa, s'il te plaît.
Père : Bon ben si tu veux, mais à condition que tu ne me rapportes pas un zéro!
Roméo : (en aparté et en serrant les dents) Ah les vieux!

8. POÈME

Je n'ai plus très envie

Je n'ai plus très envie
D'écrire des pohésies*
Si c'était comme avant
J'en fairais* plus souvent
Mais je me sens bien vieux
Je me sens bien sérieux
Je me sens consciencieux
Je me sens paressieux*

Boris Vian
Je voudrais pas crever
© 1962, J. J. Pauvert, éditeur
© 1978, Société Nouvelle des Éditions Pauvert

Demandez à vos élèves de pasticher ce poème. Cela peut donner :

Je n'ai plus très envie
De faire de la broderie
Car les temps ont changé
C'est l'heure de vérité
Et je me sens joyeuse
Je me sens tout heureuse
Pas du tout consciencieuse
Totalement paresseuse.

* (dans le texte)

LES VOYELLES

les sons

[õ] [ã]

[ɛ̃] [œ̃]

FICHE TECHNIQUE

PORTRAIT

[ɑ̃]
. grave
. tension moyenne
. non labial

[ɛ̃]
. aigu
. tension moyenne
. non labial

[õ]
. grave
. tension moyenne
. labial

[œ̃]*
. aigu
. tension moyenne
. labial

* Ce son ne sera pas travaillé systématiquement car il ne subsiste que dans certaines régions (*ex :* la Suisse romande). Ailleurs, il est assimilé à [ɛ̃].

DIAGNOSTIC

Dans la plupart des cas, il s'agit tout d'abord de sensibiliser les élèves à la nasalité. Ce phénomène n'est rien d'autre qu'un son produit sur expiration de l'air qui passe à la fois par la bouche et par le nez.

▷ les voyelles nasales existent dans la langue maternelle de l'élève mais sont en quelque sorte « diphtonguées » (*ex :* le portugais, le polonais). Il faut alors faire travailler ces sons de manière brève et tendue afin d'éviter le relâchement et la production d'un appendice consonantique en fin d'émission du son.

▷ les voyelles nasales n'existent pas dans la langue maternelle de l'élève. Il s'agit alors de bien différencier les trois (ou quatre) voyelles nasales.

1er cas : [ɛ̃] est prononcé [ɑ̃] :
on renforcera l'acuité (*ex :* les hispanophones, etc.)
2e cas : confusion [ɑ̃]/[õ] :
on travaillera l'opposition labial/non labial (*ex :* les anglophones, les Suisses allemands, etc.)
3e cas : [œ̃] est prononcé [ɑ̃] :
on renforcera la labialité et l'acuité. (*ex :* les hispanophones, etc.)

ACTE DE PAROLE

. suggerer
. accepter ou refuser la suggestion.

///////////////////////ÉCOUTE///////////////

1. Mettez une croix dans la colonne = si les deux mots prononcés sont identiques ou dans la colonne ≠ s'ils sont différents.

[õ]/[ɑ̃]

	=	≠
son/sans		X
dent/don		X
gronde/grande		X
monte/monte	X	
marron/marrant		X
lampe/lampe	X	
langue/longue		X
dément/démon		X

[ɑ̃]/[ɛ̃]

	=	≠
teint/tant		X
romain/roman		X
peinte/peinte	X	
vante/vante	X	
éteint/étend		X
dépend/depeint		X
main/ment		X
lent/lin		X

2. Mettez une croix si le mot contient le son [ɛ̃].

	[ɛ̃]
pain	X
ceinture	X
mais	
marin	X
aventure	
ranger	
demain	X
demander	

3. Indiquez si le son [ɛ̃] se trouve dans la 1re ou la 2e syllabe des mots suivants :

	1re	2e
atteinte		X
indice	X	
éteinte		X
empreinte		X
enfin		X
raisin		X
invente	X	

4. Vous allez entendre une suite de mots groupés par trois. Un seul de ces mots contient le son [ɑ̃]. C'est le 1er, le 2e ou le 3e mot?

	1er	2e	3e
lin - lent - long		X	
bec - bac - banque			X
vent - vin - vont	X		
marin - marrant - marron		X	
fendre - feindre - fondre	X		
sans - son - sein	X		
menthe - maintes - monte	X		
peindre - pondre - pendre			X

5. Combien de fois entendez-vous le son [ɑ̃] dans les phrases suivantes :

- C'est rassurant une telle entente. (3)
- Je viens dans un moment. (2)
- Ces enfants sont abrutissants. (3)

6. Indiquez si le son [õ] se trouve dans la 1re, la 2e ou la 3e syllabe des mots suivants :

	1re	2e	3e
allonger		X	
pantalon			X
renoncer		X	
rencontrer		X	
nonchalant	X		
ascension			X
arrondir		X	
compenser	X		

7. Vous allez entendre une série de mots groupés par trois. Certains groupes contiennent les mêmes mots, d'autres des mots différents. Mettez une croix dans la colonne correspondante.

	=	≠
thon - thon - thym		X
don - don - don	X	
lent - long - lent		X
ment - mon - mon		X
long - long - long	X	
vent - vin - vin		X
pont - pont - pont	X	
ronge - range - ronge		X

[ɛ̃]

Ce son est l'équivalent nasal de [ɛ]. Il est donc écarté. Tirez alors les coudes énergiquement en arrière.

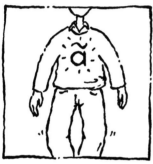

[ɑ̃]

Équivalent nasal de [ɑ], ce son est grave comme lui et se situe au milieu du corps, à l'endroit où se trouve le plexus. Prononcez cette voyelle centrale, debout, jambes et bras relâchés.

[õ]

Comme [o] ce son est grave et labial. Comme lui, faites-le sortir au milieu du ventre en arrondissant les bras.

[œ̃]

Équivalent nasal de [œ] il se situe au même endroit, entre la base du nez et la lèvre supérieure. Vous pouvez accompagner l'émission du [œ̃] à l'aide de vos mains projetées vers l'avant.

MISE EN TRAIN

Debout, jambes légèrement écartées, nous allons d'abord prononcer [ɛ̃] en écartant énergiquement les coudes, puis on laisse tomber les bras vers le bas pour [ã].

Enfin quand on prononce [õ] on entoure des deux bras un ballon imaginaire. Et on recommence.

LE BALLON MAGIQUE

Un élève envoie à l'un de ses camarades le ballon imaginaire en prononçant un mot d'une syllabe contenant [õ] comme « son » ou « pont ». Celui qui le reçoit le renvoie à son tour.

Mais très vite le ballon se transforme en longue baguette qu'un étudiant remet à un autre (ses mains placées à chacune des extrémités de la baguette), en disant par exemple « lin » ou « vin », baguette qui à son tour devient un paquet très lourd et que l'on se passe avec difficulté au moyen de mots comme « sans », « vlan », « gens ».

Enfin, le paquet finit par s'alléger et bras tendus en avant, on le remet sur « un », « jeun », « brun », etc.

Ce jeu se fait dans un espace vide et le ballon doit se transformer souvent et rapidement.

THÉÂTRE DE SONS

Lieu : une salle vide si possible.

Chacun de ces sons pris isolément va servir de réaction, de réponse à une situation simple imaginée par l'élève. Prenons deux exemples familiers parmi d'autres sons :

Réaction : « Mmmmmmmmmmmmmmm ! »
Situation : peut-être un superbe gâteau au chocolat qu'on vient d'apporter.
Réaction : « Hoooooooooooooh ! »
Situation : un feu d'artifice, un paysage grandiose qu'on admire.

Les élèves se déplacent dans l'espace et se concentrent d'abord sur le son [ɛ̃] qu'ils vont produire à haute voix — sans s'occuper des autres — sur tous les tons, en exagérant l'écartement sans avoir peur des grimaces, jusqu'à ce qu'une situation simple s'impose à eux. Ne pas plaquer le son sur une situation imaginée à l'avance car il risque de se déformer.
Dès qu'un participant a trouvé une situation, il s'assoit dans le cercle. Le jeu consiste par la suite à faire deviner la situation aux autres en jouant le son sur le ton approprié.

L'AVEUGLE ET SON GUIDE

Lieu : une salle vide

Les étudiants se mettent par deux : un guide et un aveugle (l'étudiant a les yeux bandés ou simplement fermés). Chaque couple se met d'accord sur un mot d'une syllabe contenant l'une des trois (quatre) voyelles nasales.

ex : couple X choisit le mot « vin »
couple Y choisit le mot « banc »
couple Z choisit le mot « bon »
etc.

Chaque guide promène son « aveugle » dans la classe en le tenant par la main pour le familiariser avec l'espace. Il lui répète régulièrement le mot convenu. Puis le guide lâche la main de son camarade et progressivement s'éloigne de lui sans cesser de répéter le mot choisi afin de le guider parmi les autres. Gare à l'aveugle qui se trompe et suit un autre guide dont le mot ressemble au sien !

Pour terminer, on rassemble les étudiants et on leur fait répéter rapidement les mots ci-dessous, à l'aide des gestes que nous avons vus plus haut :

[ɛ̃]	[ɑ̃]	[õ]
bain	banc	bond
sain	cent	son
daim	dans	don
fin	faon	fond
gain	gant	gond
geint	Jean	jonc
lin	lent	long
main	ment	mont
pain	paon	pont
rein	rang	rond
thym	tant	ton
vin	vent	vont

GAMMES

1 « Élémentaire, mon cher »

[ɑ̃]   *Écoutez :* Tu as vu ce qu'il fait quand il chante ?
Répondez : Et toi, tu ne pourrais pas faire ça en chantant ?

Tu as vu ce qu'il fait quand il travaille ?   Et toi, tu ne pourrais pas faire ça en travaillant ?

Tu as vu ce qu'il fait quand il lit ?   Et toi, tu ne pourrais pas faire ça en lisant ?

Tu as vu ce qu'il fait quand il écrit ?   Et toi, tu ne pourrais pas faire ça en écrivant ?

Tu as vu ce qu'il fait quand il repasse ?   Et toi, tu ne pourrais pas faire ça en repassant ?

Tu as vu ce qu'il fait quand il danse ?   Et toi, tu ne pourrais pas faire ça en dansant ?

Tu as vu ce qu'il fait quand il marche ?   Et toi, tu ne pourrais pas faire ça en marchant ?

❷ «Encore plus...»

[ɑ̃]   *Écoutez :* Dans cette situation, il faudrait pouvoir séduire, non ?
Répondez : C'est vrai, il faudrait être plus séduisant.

Dans cette situation il faudrait pouvoir briller, non ?
C'est vrai, il faudrait être plus brillant.

Dans cette situation, il faudrait pouvoir charmer, non ?
C'est vrai, il faudrait être plus charmant.

Dans cette situation, il faudrait pouvoir émouvoir, non ?
C'est vrai, il faudrait être plus émouvant.

Dans cette situation, il faudrait pouvoir sourire, non ?
C'est vrai, il faudrait être plus souriant.

Dans cette situation, il faudrait pouvoir avoir de la patience, non ?
C'est vrai, il faudrait être plus patient.

Dans cette situation, il faudrait pouvoir avoir de l'endurance, non ?
C'est vrai, il faudrait être plus endurant.

❸ «Tout bonnement»

[ɑ̃]   *Écoutez :* Ce terrain n'est pas assez grand.
Répondez : Pourquoi ne pas procéder à un agrandissement ?

Cette grève n'est pas assez dure.
Pourquoi ne pas procéder à un durcissement ?

Cette route n'est pas assez large.
Pourquoi ne pas procéder à un élargissement ?

Cet espace n'est pas aménagé.
Pourquoi ne pas procéder à un aménagement ?

Ce local n'est pas déménagé.
Pourquoi ne pas procéder à un déménagement ?

Ces mesures n'ont pas été assouplies.
Pourquoi ne pas procéder à un assouplissement ?

La chaussée n'a pas été rétrécie.
Pourquoi ne pas procéder à un rétrécissement ?

❹ «Voyons donc...»

[õ]   *Écoutez :* Vous ne buvez pas ?
Répondez : Mais si, voyons, buvons !

Vous ne sortez pas ? — Mais si, voyons, sortons !
Vous ne fumez pas ? — Mais si, voyons, fumons !
Vous ne soupez pas ? — Mais si, voyons, soupons !
Vous ne marchez pas ? — Mais si, voyons, marchons !
Vous ne soufflez pas ? — Mais si, voyons, soufflons !
Vous ne dînez pas ? — Mais si, voyons, dînons !

5 « Suggestions »

[õ]

Écoutez : J'aimerais bien avoir une maison.
Répondez : Ça te dirait qu'on ait une maison?

J'aimerais bien aller à cette réunion.
Ça te dirait qu'on aille à cette réunion?

J'aimerais bien jouer au ballon.
Ça te dirait qu'on joue au ballon?

J'aimerais bien organiser une discussion.
Ça te dirait qu'on organise une discussion?

J'aimerais bien partir au Japon.
Ça te dirait qu'on parte au Japon?

J'aimerais bien lui faire des propositions.
Ça te dirait qu'on lui fasse des propositions?

J'aimerais bien visiter cette région.
Ça te dirait qu'on visite cette région?

6 « Imitation »

[õ]

Écoutez : Tu sais, ils répondent à cette annonce, eux.
Répondez : Et si nous, nous répondions à cette annonce.

Tu sais, ils font de la plongée, eux.
Et si nous, nous faisions de la plongée.

Tu sais, ils prononcent un discours, eux.
Et si nous, nous prononcions un discours.

Tu sais, ils combattent le racisme, eux.
Et si nous, nous combattions le racisme.

Tu sais, ils construisent une maison, eux.
Et si nous, nous construisions une maison.

Tu sais, ils conseillent leurs élèves, eux.
Et si nous, nous conseillions nos élèves.

Tu sais, ils renoncent à partir, eux.
Et si nous, nous renoncions à partir.

7 « Viens voir les comédiens »

[ɛ̃]

Écoutez : Vous savez, je connais bien l'Italie.
Répondez : Alors, je vous suggère de jouer l'italien.

Vous savez, je connais bien l'Inde.
Alors, je vous suggère de jouer l'indien.

Vous savez, je connais bien le Brésil.
Alors, je vous suggère de jouer le brésilien.

Vous savez, je connais bien l'Australie.
Alors, je vous suggère de jouer l'australien.

Vous savez, je connais bien le Canada.
Alors, je vous suggère de jouer le canadien.

Vous savez, je connais bien les États-Unis.
Alors, je vous suggère de jouer l'américain.

Vous savez, je connais bien l'Égypte.
Alors, je vous suggère de jouer l'égyptien.

8 « Rien de plus simple »

[ɛ̃]   *Écoutez :* Tu ne pourrais pas venir avec nous ?
        Répondez : Oui, au fait, pourquoi je ne viendrais pas avec vous ?

Tu ne pourrais pas maintenir ton offre ?   Oui, au fait, pourquoi je ne la maintiendrais pas ?

Tu ne pourrais pas soutenir ce projet ?   Oui, au fait, pourquoi je ne le soutiendrais pas ?

Tu ne pourrais pas subvenir à ses besoins ?   Oui, au fait, pourquoi je n'y subviendrais pas ?

Tu ne pourrais pas revenir chez nous ?   Oui, au fait, pourquoi je ne reviendrais pas ?

Tu ne pourrais pas retenir ta mère quelques jours de plus ?   Oui, au fait, pourquoi je ne la retiendrais pas ?

Tu ne pourrais pas parvenir à un accord ?   Oui, au fait, pourquoi je n'y parviendrais pas ?

9 « Rien qu'un instant »

[ɑ̃]/[ɛ̃]   *Écoutez :* De quelle prévoyance nous faisons preuve en ce moment !
            Répondez : Oui, mais il ne faudrait pas devenir imprévoyant.

Quelle patience nous avons en ce moment !   Oui, mais il ne faudrait pas devenir impatient.

Quelle cohérence nous avons en ce moment !   Oui, mais il ne faudrait pas devenir incohérent.

De quelle prudence nous faisons preuve en ce moment !   Oui, mais il ne faudrait pas devenir imprudent.

De quelle sensibilité nous faisons preuve en ce moment !   Oui, mais il ne faudrait pas devenir insensible.

Quelle décence nous avons en ce moment !   Oui, mais il ne faudrait pas devenir indécent.

Quelle tolérance nous avons en ce moment !   Oui, mais il ne faudrait pas devenir intolérant.

10 « Potins et cancans »

[ɑ̃]/[ɛ̃]   *Écoutez :* Christiane est très gamine.
            Répondez : Oui mais Christian, lui, devrait être moins gamin.

Armande est très radine.   Oui mais Armand, lui, devrait être moins radin.
Florence est très badine.   Oui mais Florent, lui, devrait être moins badin.
Fernande est très coquine.   Oui mais Fernand, lui, devrait être moins coquin.
Laurence est très mondaine.   Oui mais Laurent, lui, devrait être moins mondain.
Clémence est très libertine.   Oui mais Clément, lui, devrait être moins libertin.
Rolande est très mesquine.   Oui mais Roland, lui, devrait être moins mesquin.

⑪ « Ah non, sans façon »

[ã]/[õ]
Écoutez : Si on allait au restaurant ?
Répondez : Aller au restaurant, pas question!

Si on prenait un verre ?   Prendre un verre, pas question!
Si on sortait dimanche ?   Sortir dimanche, pas question!
Si on dansait la valse ?   Danser la valse, pas question!
Si on rendait les clés ?   Rendre les clés, pas question!
Si on l'appelait Ferdinand ?   L'appeler Ferdinand, pas question!
Si on téléphonait à Christian ?   Téléphoner à Christian, pas question!

⑫ « Dans le fond... »

[ã]/[õ]
Écoutez : Allez, on prend du vin ?
Répondez : D'accord, prenons-en.

Allez, on arrange cette pièce.   D'accord, arrangeons-la.
Allez, on mange du caviar.   D'accord, mangeons-en.
Allez, on lance cette idée.   D'accord, lançons-la.
Allez, on boit une petite liqueur.   D'accord, buvons-en.
Allez, on chante ce morceau.   D'accord, chantons-le.
Allez, on vend la voiture.   D'accord, vendons-la.

⑬ « Inconcevablement ! »

[ã]/[õ]/[ɛ̃]
Écoutez : Il faudrait lui annoncer ça prudemment.
Répondez : Tu sais bien qu'il est impossible de lui annoncer ça de façon prudente.

Il faudrait lui dire ça intelligemment.   Tu sais bien qu'il est impossible de lui dire ça de façon intelligente.

Il faudrait lui répéter ça constamment.   Tu sais bien qu'il est impossible de lui répéter ça de façon constante.

Il faudrait arranger ça concrètement.   Tu sais bien qu'il est impossible d'arranger ça de façon concrète.

Il faudrait lui apprendre ça simplement.   Tu sais bien qu'il est impossible de lui apprendre ça de façon simple.

Il faudrait parlementer amicalement.   Tu sais bien qu'il est impossible de parlementer de façon amicale.

Il faudrait le réprimander sévèrement.   Tu sais bien qu'il est impossible de le réprimander de façon sévère.

14 **« C'est si bon... »**

[ɑ̃]/[õ]/[ɛ̃]   *Écoutez :* Et si on invitait Alain, dimanche ?
            Répondez : Inviter Alain dimanche, c'est bon !

Et si on peignait l'appartement ?   Peindre l'appartement, c'est bon !
Et si on teignait ce manteau ?   Teindre ce manteau, c'est bon !
Et si on arrangeait ces coussins ?   Arranger ces coussins, c'est bon !
Et si on convainquait Laurent de venir ?   Convaincre Laurent, c'est bon !
Et si on agrandissait ce terrain ?   Agrandir ce terrain, c'est bon !
Et si on vendait ce meuble ancien ?   Vendre ce meuble ancien, c'est bon !

/////////////////*ÉCRITURE*///////////////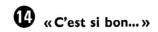

1. Écoutez les phrases suivantes et soulignez les lettres qui correspondent au son [ɑ̃] :

J'ai envie d'aller au restaurant dimanche, qu'en penses-tu ?
Oh je préférerais aller danser en boîte.

Comment s'écrit le son [ɑ̃] ici ?

2. Écoutez les phrases suivantes et soulignez les lettres qui correspondent au son [õ].

Nous songeons à partir d'ici pour faire construire une maison mais nous n'avons rien dit à personne.

Comment s'écrit le son [õ] ici ?

3. Écoutez les phrases suivantes et soulignez les lettres qui correspondent au son [ɛ̃].

Ce gâteau plein de raisins est divin !
Il est tout à fait serein, c'est l'indice qu'il est sur le chemin de la réussite.

Comment s'écrit le son [ɛ̃] ici ?

4. Remplacez les blancs par les lettres « on » ou « en » selon ce que vous entendez.

__ nous ann__ce une réducti__ sur nos traitem__ts. Comm__t s'y pr__dre pour r__dre nos rev__dicati__s cohér__tes ?
Nous pourri__s peut-être __ parler directem__t au patr__ et lui deman-der une comp__sati__.

R : On nous annonce une réduction sur nos traitements. Comment s'y prendre pour rendre nos revendications cohérentes ?
Nous pourrions peut-être en parler directement au patron et lui demander une compensation.

5. Remplacez les blancs par les lettres « en » ou « in » selon ce que vous entendez :

Je vais __v__ter un truc pour mettre Flor__ce et Mart__ __ prés__ce. Je les __viterai à pr__dre un pot et ils p__seront que la r__contre est dûe au hasard. S'ils sont __tellig__ts ils compr__dront __f__ qu'il faut arrêter de laver leur l__ge sale __ famille et qu'ils n'ont plus l'âge de jouer aux gam__s.

R : Je vais inventer un truc pour mettre Florence et Martin en présence. Je les inviterai à prendre un pot et ils penseront que la rencontre est dûe au hasard. S'ils sont intelligents, ils comprendront enfin qu'il faut arrêter de laver leur linge sale en famille et qu'ils n'ont plus l'âge de jouer aux gamins.

///////////////RÉCRÉATION///////////////

Noël au balcon Pâques au tison

I. LE JEU DU CONJOINT

Faites chercher le conjoint des personnages suivants. Divisez la classe en deux équipes et attribuez un point à l'équipe dont un membre aura donné la réponse en premier. Quel est le conjoint :

ex : d'une comédienne (un comédien)

d'une martienne	d'une coquine
d'une polissonne	d'une paysanne
d'une championne	d'une mexicaine
d'une américaine	d'une naine
d'une gamine	d'une espionne
d'une courtisane	d'une mondaine

2. LE JEU DES PROFESSIONS

Demandez de répondre aux questions suivantes :

Qui pratique la médecine ?	(le médecin)
Qui vend des médicaments ?	(le pharmacien)
Qui travaille sur un bateau ?	(le marin)
Qui construit les maisons ?	(le maçon)
Qui fabrique le pain ?	(le boulanger)
Qui répare les voitures ?	(le mécanicien)
Qui s'occupe des malades ?	(l'infirmière)
Qui répare les tuyaux ?	(le plombier)

Variante : un élève pense à une profession contenant une nasale et la mime devant ses camarades qui doivent deviner de quel métier il s'agit.

3. DEVINETTES

Quand un commerçant rencontre une commerçante, qu'est-ce qu'ils font ?
  Réponse : ils font des ronds !

a) Quand un ingénieur rencontre un autre ingénieur, qu'est-ce qu'ils font ?
b) Quand un dindon rencontre une dinde, qu'est-ce qu'ils font ?
c) Quand un martien rencontre un terrien, qu'est-ce qu'ils font ?

etc. A vous d'inventer d'autres questions et réponses contenant des nasales.

4. CHEZ LE BROCANTEUR

Demandez à vos élèves de bien regarder le dessin suivant. Faites repérer tous les éléments qui contiennent une nasale. Puis, à l'aide de ces mots, seul ou à deux, faites composer une histoire.

5. CONTRAIRE

Quel est le contraire de :

petit	(grand)	géant	(nain)
noir	(blanc)	vide	(plein)
court	(long)	épais	(mince)
rapide	(lent)	malade	(sain)
clair	(foncé)	gros	(fin)
mauvais	(bon)		

Ce jeu se fait très rapidement. On partage la classe en deux groupes, on marque les points, mais on n'accepte que les réponses correctes comprenant une nasale.

6. TITRES DE JOURNAUX

Faites découper des titres dans les journaux contenant des voyelles nasales

Ex. : « Suppression des sièges blancs au Parlement »
« Les italiens font un pont d'or à la Sicile »
« Les plongeurs du Nautile entonnent l'air des bijoux »

Demandez de former de nouveaux titres en vous aidant de ce matériel :

Ex. : « Des plongeurs italiens entonnent l'air des bijoux »
« Suppression d'un pont d'or en Sicile »

Récompensez le plus original.

7. MOTS CROISÉS

Faites trouver le mot qui correspond à chaque définition et demandez à vos élèves de le prononcer et de l'écrire verticalement; le suivant horizontalement, le troisième verticalement, etc.

La femme de mon oncle
Sert à peser
Sert à suspendre les vêtements
Celui qui peint
Relie deux rives
etc.

```
                    T
        B A L   A   N   C E
                A       E
                N       I
                T       N
        P   E   I   N   T   R   E
        O       T
        N       R
        T       E
```

8. CONNAISSANCE DU MONDE

Formez deux équipes. Préparez une série de questions, en fonction de vos élèves, portant sur la géographie, l'histoire, le cinéma, la littérature, les gens célèbres etc. Chaque réponse comporte une voyelle nasale, évidemment !

Ex : Où se trouve le Fujiyama ? (au Japon)
L'électrum est un alliage d'or et ... (d'argent)
Citez trois animaux d'Afrique (le lion, la panthère, l'éléphant)
Qui a écrit « Le Rouge et le Noir » ? (Stendhal)

66

9. LES PROVERBES

A. Faites rassembler les proverbes dont les éléments sont épars :

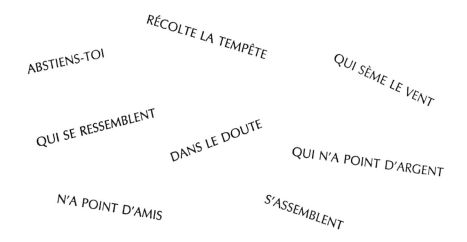

RÉCOLTE LA TEMPÊTE

ABSTIENS-TOI

QUI SÈME LE VENT

QUI SE RESSEMBLENT

DANS LE DOUTE

QUI N'A POINT D'ARGENT

N'A POINT D'AMIS

S'ASSEMBLENT

B. Demandez de mettre un proverbe sous chaque dessin :

L'appétit vient en mangeant
Poussin chante comme le coq lui apprend
Qui sème le vent récolte la tempête
Tout vient à point à qui sait attendre

d)

b)

c)

a)

10. DIALOGUES

A partir des énoncés suivants :
- — Qu'est-ce qu'on fait dimanche ?
- — D'accord, allons-y !
- — Si tu es libre demain ...
- — En principe, je sors avec un copain.
- — Ça dépend ...
- — On prend un verre à la maison ?
- — Je t'invite au restaurant.
- — Viens voir mes nouveaux dessins !
- — Tu viendras bien avec nous ?
- — Si on allait prendre un verre ?
- — Tu veux qu'on mange ensemble ?
- — Si on regardait la télévision ?
- — Non, merci je n'ai pas le temps !

Faites chercher d'autres formules de suggestion, d'acceptation ou de refus (contenant un maximum de nasales) puis faites composer seul ou à deux, un petit dialogue que vous ferez jouer ensuite. En voici deux exemples :

« Ah les vacances ! »

Jean : Et dis donc, pour les vacances, on pourrait aller en Angleterre ou en Irlande !

Laurence : Pourquoi partir si loin ? Restons simplement en France : les montagnes sont grandioses, les campagnes tranquilles et l'océan à portée de main.

Jean : Dans le fond, tu as raison et on dépensera moins d'argent.

« Malentendu »

Léon : Mais, qu'est-ce que tu as Clémentine ?

Clémentine : Rien, la vie est déprimante.

Léon :
Ça passera, je t'invite au restaurant, tu veux bien ?

Clémentine : Non !

Léon : Bon, alors allons chez des copains.

Clémentine : Non, je n'ai pas envie.

Léon : Mais qu'est-ce qui te prend ? Tu es agaçante à la fin, tu veux aller en boîte ?

Clémentine : Oh Léon, tu ne comprends rien, j'ai envie qu'on reste tranquille à la maison, sans copain, sans télévision, sans agitation et que tendrement, en me prenant la main, tu me racontes des histoires fantastiques, comme avant !

Léon : Et tu trouves ça marrant ?

II. POÈMES

Si mon père était un ourson

Si mon père était un ourson,
Ma tante Alice un gros pigeon,
Si mon oncle était un trapèze,
Ma sœur Anne, un bâton de chaise,
Si ma marraine était un mât,
Mon grand frère, un œuf sur le plat,
Si mon maître était une autruche
Et l'école, une vieille cruche,
Je ne sais pas comment irait
Le monde étroit que je connais,
Mais je rirais, ah, je rirais
A faire sauter les volets.

Maurice Carême

L'Arlequin
Nathan, 1970
© Fondation Maurice Carême,
Bruxelles

Présentez ce poème à vos élèves. Ils n'en conservent que les deux premiers vers (peut-être aussi l'avant-dernier « Mais je rirais, ah je rirais ») et ils écrivent seuls ou à deux un autre poème avec un maximum de nasales.

Cela peut donner :

Cela peut donner :

Si mon père était un ourson
Ma tante Alice un gros pigeon
Si mon oncle était capucin
Et mon grand frère américain
Si tous les enfants du monde
Voulaient se donner la main
Et faire une vaste ronde
Pour conjurer les bombes
Mais je rirais, ah je rirais
Et un gros gâteau engloutirais

Voici le poème d'une étudiante :

Gourmandise

J'aime beaucoup le citron
surtout avec le poisson
Je le presse gentiment
avec sentiment
Et j'enlève tous les pépins
Pour éviter les pépins

Randi Mynre

LES VOYELLES. 69

LES SEMI-VOYELLES

les sons

[ɥ] [j]

[w]

FICHE TECHNIQUE

PORTRAIT

[ɥ]
. aigu
. relâché
. labial

[w]
. grave
. relâché
. labial

[j]
. aigu
. relâché
. non labial

DIAGNOSTIC

Lorsque les élèves confondent [ɥ] et [w], c'est qu'ils assimilent ces deux sons de la même manière qu'ils le font avec [y] et [u].
Il s'agit dans ce cas de travailler l'opposition aigu/grave (*ex* : les anglophones, les hispanophones, les italophones, etc.)

Remarquons que ces semi-voyelles (ou semi-consonnes) n'existent que par le contact de voyelles qui les suivent
(*ex :* «u» + «i» = [ɥi] : puis

«ou» + «a» = [wa] : rouage

«u» + «in» = [ɥɛ̃] : juin, etc.)

▷ L'opposition [j]/[ʒ] est essentiellement confondue par les hispanophones; dans ce cas, on mettra l'accent sur la non-labialité de [j] puisque [ʒ] lui est un son aigu, relâché et labial.

ACTE DE PAROLE

. Exprimer la nécessité, l'obligation.

I. Mettez une croix dans la colonne = si les deux mots prononcés sont identiques ou dans la colonne ≠ s'ils sont différents.

[ɥ] / [w]

	=	≠
lui/louis		X
rouée/rué		X
étui/étui	X	
souhait/suait		X
nuée/nouée		X
enfuir/enfouir		X
rouage/rouage	X	
bouée/buée		X

2. Mettez une croix dans la colonne = si les mots prononcés sont identiques ou dans la colonne ≠ s'ils sont différents.

[j]/[ʒ]

	=	≠
bouille/bouge		X
paille/paille	X	
rail/rage		X
des jeux/des yeux		X
payé/payé	X	
bougie/bouillie		X
fille/fille	X	
bouillote/bougeotte		X

3. Vous allez entendre une suite de mots. Ils contiennent soit le son **[ɥ]** soit le son **[w]**, mettez une croix dans la colonne correspondante.

	[ɥ]	[w]
louer		X
muette	X	
alouette		X
nuage	X	
ruée	X	
tatouage		X
fouet		X
tuer	X	

4. Indiquez combien de fois vous entendez le son **[j]** dans les phrases suivantes :
— Tu as été payé pour ton travail ? (2)
— Cette jeune fille a l'œil malicieux. (3)
— J'ai failli me faire piquer par une abeille. (2)

LES SEMI-VOYELLES. 73

[ɥi]

Pour produire ce son complexe — dont les composantes sont du reste connues — son d'abord labial puis écarté, imaginez une fleur, une tulipe plus précisément qui s'ouvrirait rapidement. Suivez son mouvement : replié comme une fleur à l'ombre, vous vous ouvrez au contact du soleil.

[ɥe]

Vous êtes au fond de l'eau, vous voulez remonter vers la surface, mains jointes en avant pour écarter aussitôt les bras. Voilà votre [ɥe]

Trouvez d'autres situations pour [ɥa], [ɥɛ̃], [ɥɔ̃] etc.

[wi] [we]

Passionné de nage sous marine, vous vous enfoncez dans les profondeurs de la mer. Les mouvements que font vos bras pour descendre vers le fond vous aideront à prononcer [wi] (mouvement moins large) ou [we] (mouvement plus ample).

APPLICATION

Comparez :

bouée	buée
enfouir	enfuir
Louis	lui
mouette	muette
nouer	nuée
oui	huis
rouer	ruée
tatouer	t'as tué

[j]   Partir d'interjections courantes du français en mimant les situations dans lesquelles on les produit :
Ex : aïe aïe aïe!

Pour ceux qui prononcent [ʒ] au lieu de [j] (certains hispanophones), travaillez à partir du « yes » anglais ou du fameux « oh yé yé yé » que l'on trouve dans la musique des années 60

Comparez :

âge	aïe
bouge	bouille
fige	fille
page	paille
rouge	rouille
jeux	yeux
bougie	bouillie

GAMMES

❶ « Persuadé »

[ɥ]   *Écoutez :* Tu pars au mois de juin, oui ou non ?
       Répondez : Cette fois, je suis obligé de partir.

Tu continues tes études, oui ou non ?
Cette fois, je suis obligé de les continuer.

Tu tues ce cochon, oui ou non ?
Cette fois, je suis obligé de le tuer.

Tu le rends muet de temps en temps, oui ou non ?
Cette fois, je suis obligé de le rendre muet.

Tu éternues oui ou non ?
Cette fois, je suis obligé d'éternuer.

Tu rues dans les brancards de temps en temps, oui ou non ?
Cette fois, je suis obligé de ruer dans les brancards.

Tu le persuades, oui ou non ?
Cette fois, je suis obligé de le persuader.

❷ « Et ensuite... ? »

[ɥi]   *Écoutez :* Il faut le conduire, hein ?
        Répondez : Bien sûr, il est indispensable qu'on le conduise.

Il faut le suivre, hein ?
Bien sûr, il est indispendable qu'on le suive.

Il faut le fuir, hein ?
Bien sûr, il est indispendable qu'on le fuie.

Il faut le détruire, hein ?
Bien sûr, il est indispensable qu'on le détruise.

Il faut le produire, hein ?
Bien sûr, il est indispensable qu'on le produise.

Il faut pouvoir le faire, hein ?
Bien sûr, il indispensable qu'on puisse le faire.

Il faut le cuire, hein ?
Bien sûr, il est indispensable qu'on le cuise.

❸ « Quoi ! Aujourd'hui ? »

[ɥ]/[w] *Écoutez :* Ça ne fait rien si tu ne peux pas louer ce studio.
Répondez : Non, non, il faut absolument que je puisse le louer aujourd'hui.

Ça ne fait rien si tu ne peux pas lui souhaiter la bonne année.	Non, non, il faut absolument que je puisse lui souhaiter la bonne année aujourd'hui.
Ça ne fait rien si tu ne peux pas lui acheter une bouée.	Non, non, il faut absolument que je puisse lui acheter une bouée aujourd'hui.
Ça ne fait rien si tu ne peux pas le faire tatouer.	Non, non il faut absolument que je puisse le faire tatouer aujourd'hui.
Ça ne fait rien si tu ne peux pas enfouir ce trésor.	Non, non, il faut absolument que je puisse l'enfouir aujourd'hui.
Ça ne fait rien si tu ne peux pas lui dire oui maintenant.	Non, non, il faut absolument que je puisse lui dire oui aujourd'hui.
Ça ne fait rien si tu ne peux pas lui offrir ce jouet maintenant.	Non, non, il faut absolument que je puisse lui offrir ce jouet aujourd'hui.

❹ « C'est l'essentiel »

[j] *Écoutez :* Que fait-on de ce travail ?
Répondez : Oh tu sais, il est essentiel de garder ce travail.

Que fait-on de ce chapeau de paille ?	Oh tu sais, il est essentiel de garder ce chapeau de paille.
Que fait-on de cette jeune fille au pair ?	Oh tu sais, il est essentiel de garder cette jeune fille au pair.
Que fait-on de ce chandail ?	Oh tu sais, il est essentiel de garder ce chandail.
Que fait-on de ce fauteuil de famille ?	Oh tu sais, il est essentiel de garder ce fauteuil de famille.
Que fait-on de ce vieux réveil ?	Oh tu sais, il est essentiel de garder ce vieux réveil.
Que fait-on de cette petite merveille ?	Oh tu sais, il est essentiel de garder cette petite merveille.

❺ « Il y a toujours quelque chose à faire »

[j]/[ʒ] *Écoutez :* Tu essaies maintenant ?
Répondez : Oui, j'ai cet essayage à faire.

Tu nettoies maintenant ?	Oui, j'ai ce nettoyage à faire.
Tu gribouilles maintenant ?	Oui, j'ai ce gribouillage à faire.
Tu pars en voyage maintenant ?	Oui, j'ai ce voyage à faire.
Tu installes ce rayonnage maintenant ?	Oui, j'ai ce rayonnage à installer.
Tu peins ce feuillage maintenant ?	Oui, j'ai ce feuillage à peindre.
Tu fais une étude sur le Moyen-Age ?	Oui, j'ai cette étude sur le Moyen-Age à faire.

[j]/[ɥ]/[w] *Écoutez :* Tu ne le réveilles pas ?
               Répondez : Si, si, je dois le réveiller tout de suite.

Tu ne le plies pas ?	Si, si, je dois le plier tout de suite.
Tu ne le paies pas ?	Si, si, je dois le payer tout de suite.
Tu ne l'essuies pas ?	Si, si, je dois l'essuyer tout de suite.
Tu ne le mouilles pas ?	Si, si, je dois le mouiller tout de suite
Tu ne le fais pas bouillir ?	Si, si, je dois le faire bouillir tout de suite.
Tu ne le nettoies pas ?	Si, si, je dois le nettoyer tout de suite.

////////////////ÉCRITURE//////////

1. Écoutez les phrases suivantes et soulignez la lettre qui démarre le son [ɥ] + voyelle ?

Je suis dans les nuages aujourd'hui.
Rends-le muet sinon il va nous épuiser avec tout le bruit qu'il produit.
Comment s'écrit le son [ɥ] ?

2. Écoutez les phrases suivantes et soulignez les lettres qui démarrent le son [w] + voyelle :

Tu sais ce qu'il veut comme jouet : une bouée en forme de mouette !
J'ai enfoui l'argent au fond de mon sac.
Comment s'écrit le son [w] ici ?

3. Écoutez les phrases suivantes et soulignez la ou les lettres qui correspondent au son [j].

Réveille-moi avant de partir, il faut que j'aille à l'agence pour payer et prendre les billets.
Comment s'écrit le son [j] ici ?

4. Remplacez les blancs par les lettres « u » ou « ou » selon ce que vous entendez.

Je s__is obligé de l__i dire __i tout de s__ite sinon il va l__er le studio à quelqu'un d'autre. Ça m'enn__ie. Je ne peux rien faire pour le pers__ader d'attendre car il m'a av__é qu'il ne voulait pas contin__er à chercher quelqu'un pour le mois de j__in.

R : Je suis obligé de lui dire oui tout de suite, sinon il va louer le studio à quelqu'un d'autre. Ça m'ennuie. Je ne peux rien faire pour le persuader d'attendre car il m'a avoué qu'il ne voulait pas continuer à chercher quelqu'un pour le mois de juin.

5. Remplacez les blancs par les lettres « g » ou « y » selon ce que vous entendez.

> Tu es ra__onnante depuis ton retour d'É__ypte, on peut ima__iner que tu
> ne t'es pas ennu__ée pendant ce vo__a__e.
> Tu aurais dû m'obli__er à bou__er.
> C'est incro__able, j'ai passé mon temps à faire du netto__a__e et à répa-
> rer des tu__aux, ce n'est plus de mon â__e !

R : Tu es rayonnante depuis ton retour d'Égypte, on peut imaginer que tu ne t'es pas ennuyée pendant ce
voyage. Tu aurais dû m'obliger à bouger.
C'est incroyable, j'ai passé mon temps à faire du nettoyage et à réparer des tuyaux, ce n'est plus
de mon âge !

////////////////RÉCRÉATION///////////////

La pluie du matin réjouit le pèlerin.

I. LE JEU DES FAMILLES

A partir des mots suivants faites chercher tous les mots de la même famille. On
peut jouer par équipes. La première équipe qui termine une série de 3 mots
minimum obtient un point.

- *ex :* cuisine (cuire, cuit, cuisiner, cuisiné, cuisinier, cuisinière, cuisson).
  bruit suite fuite ennui   etc.

2. DÉFINITIONS

Chaque élève cherche un mot contenant l'un des trois sons étudiés. Aux
autres, il n'en donne que la définition, soit celle du dictionnaire, soit celle qu'il
aura trouvée lui-même ; c'est à eux de deviner le mot.

> *ex :* Enveloppe, le plus souvent rigide, dont la forme, la disposition est
> adaptée à l'objet.
>
> *rép. :* un étui

3. LE SCRABBLE SIMPLIFIÉ

Un élève écrit au centre du tableau un mot contenant l'un des trois sons étudiés, par exemple : SUIVANT. A partir d'une lettre de ce mot, par exemple «v», un autre étudiant va imaginer un nouveau mot qu'il écrit verticalement. Par exemple : VEILLE. A partir d'un «I», on peut écrire : RELUIRE, etc.

```
        SUIVANT
          E
          I
        RELUIRE
          L    O
          E    U
               I
             PLUIE
               L
               E
```

4. PASTICHE

Voici un poème de Luc Bérimont :

> *Il va pleuvoir*
>
> Il va pleuvoir
> Les marroniers sont noirs
>
> S'il tombe de l'eau, bernique
> Je pars pour la Martinique.
>
> S'il tombe du vin, c'est bien
> J'en remplis un cruchon plein
>
> S'il arrive de la grêle
> C'est tant pis pour nos ombrelles
>
> S'il fait un ciel de grand vent
> Les corbeaux sont contents
>
> Mais s'il fait un ciel lilas
> Sortez tous vos falbalas !

© Éditions
Saint-Germain-des-
Prés, Paris, 1974

Demandez à vos élèves de s'inspirer des mots et de la structure du poème pour en composer un à leur tour, sans oublier les trois sons.

Cela peut donner :

> *Il va pleuvoir*
>
> Il va pleuvoir
> Le pays est tout noir
> Sauve qui peut, ça mouille !
> Beau temps pour les grenouilles
> S'il tombe de l'eau tant mieux
> Je pars pour d'autres cieux
> S'il tombe du miel, quelle merveille
> J'en remplis plein ma seille
> Mais si le soleil luit, mon ami
> C'est avec toi que je m'enfuis.

On peut, au préalable, faire une recherche de vocabulaire contenant les trois sons et pouvant être utile à l'élaboration de ce petit exercice.

5. LES HUIT COMMANDEMENTS

- Il ne faut pas faire de bruit après minuit.
- Il ne faut pas conduire vite dans le brouillard.
- Il ne faut pas s'enfuir devant les petits ennuis.
- Il ne faut pas s'épuiser au travail.
- Il ne faut pas tout détruire avant de reconstruire.
- Il ne faut pas nuire à autrui.
- Il ne faut pas tuer sa voisine.
- Il ne faut pas poursuivre de ses assiduités celui qui vous fuit.

On peut demander aux élèves de trouver d'autres commandements ou de transformer ceux qui leur sont donnés ici ou encore d'en utiliser certains pour donner des ordres à leurs camarades.

6. POÈME

La pluie

Monsieur Yousouf a oublié son parapluie
Monsieur Yousouf a perdu son parapluie
Madame Yousouf, on lui a volé son parapluie
Il y avait une pomme d'ivoire à son parapluie
Ce qui m'est entré dans l'œil, c'est le bout d'un
   parapluie
Est-ce que je n'ai pas laissé mon parapluie
Hier soir dans votre porte-parapluie ?
Il faudra que j'achète un parapluie
Moi je ne me sers jamais de parapluie
J'ai un cache-poussière avec un capuchon pour
   la pluie
Monsieur Yousouf vous avez de la veine de
   vous passer de parapluie.

Max Jacob

Extrait des « Pénitents en maillots roses » in *Ballades*
© Éditions Gallimard

LES CONSONNES

Les sons

[t]

[d]

FICHE TECHNIQUE

PORTRAIT

[t]
. tendu
. aigu
. non labial

[d]
. relâché
. aigu
. non labial

DIAGNOSTIC

Dans ce cas, on aperçoit que le problème réside dans l'appréhension des phénomènes de *tension* et de *relâchement*. Il s'avère nécessaire de sensibiliser les élèves aux variations de l'effort musculaire afin de bien marquer l'opposition tendu/relâché (traditionnellement dénommée sourd/sonore) et permettre une production différenciée de ces deux sons.

Il convient de travailler plus particulièrement le relâchement avec certains élèves chinois et avec des élèves germanophones dans certains cas.

La production d'une aspiration lors de l'émission du [t] chez les anglophones et certains germanophones provient d'une tension trop importante.

ACTE DE PAROLE

. conseiller.

ÉCOUTE

I. Mettez une croix dans la colonne = si les deux mots prononcés sont identiques ou dans la colonne ≠ s'ils sont différents.

[t]/[d]

	=	≠
tant/dent		X
dort/tort		X
tu/du		X
doux/doux	X	
tête/dette		X
aider/été		X
daté/daté	X	
coudé/coûté		X

2. Combien de fois entendez-vous le son [t] dans les phrases suivantes ?

- Tu aurais intérêt à te taire. (4)
- Il vaut mieux qu'il travaille sans t'écouter. (3)
- Si j'étais toi, je partirai sans me retourner. (4)

3. Combien de fois entendez-vous le son [d] dans les phrases suivantes ?

- Il lui a donné un rendez-vous. (2)
- Il vaudrait mieux qu'il se décide à ne plus conduire. (4)
- Pourquoi ne ferait-il pas un disque du film qu'il a doublé. (3)

4. Vous allez entendre une suite de mots, ils contiennent soit le son [t], soit le son [d], mettez une croix dans la case correspondante.

	[t]	[d]
table	X	
radis		X
soudain		X
atteint	X	
diminue		X
raté	X	
bâton	X	
pédicure		X

LES CONSONNES. 83

//////////////////IMAGES //////////////////

Le problème qui se pose dans l'opposition [t/d] est essentiellement celui de la tension que l'on va exprimer à travers un travail corporel.

[t] : tendu
D'abord, demandez à vos élèves de tendre au maximum les muscles de leur corps, de crisper les poings et, dans cette position, de proférer une suite de [t] comme s'ils ne parvenaient pas, sous le coup d'une intense émotion, à prononcer par exemple le mot « têtu ».

[d] : relâché
Puis faites suivre cette suite de [t] par un relâchement immédiat de tout le corps, spécialement des épaules et des muscles de la mâchoire, et faites prononcer une suite de [d] d'une voix légèrement plus basse.

APPLICATION

En reprenant les mouvements de tension (buste légèrement avancé, poings crispés) et de relâchement, faites répéter les mots suivants :

tout	doux
thé	dé
tord	dort
tard	dard

//////////////////GAMMES //////////////////
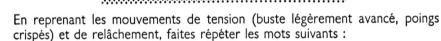

1 « Drôle d'homme »

[d]

Écoutez : Pourquoi ne donne-t-il pas son avis ?
Répondez : Ah oui, il devrait le donner.

Pourquoi ne domine-t-il pas sa colère ?   Ah oui, il devrait la dominer.
Pourquoi ne divise-t-il pas son patrimoine ?   Ah oui, il devrait le diviser.
Pourquoi ne dirige-t-il pas ses élèves ?   Ah oui, il devrait les diriger.

Pourquoi ne demande-t-il pas cette adresse ?

Ah oui, il devrait la demander.

Pourquoi n'admire-t-il pas davantage sa femme ?

Ah oui, il devrait l'admirer.

Pourquoi ne déduit-t-il pas cette somme des impôts ?

Ah oui, il devrait la déduire.

❷ « Un homme de décision »

[d]

Écoutez : Il a décidé de ne plus manger à midi.
Répondez : C'est ridicule, il vaudrait mieux qu'il mange.

Il a décidé de ne plus se raser.

C'est ridicule, il vaudrait mieux qu'il se rase.

Il a décidé de ne plus parler à son directeur.

C'est ridicule, il vaudrait mieux qu'il lui parle.

Il a décidé de ne plus payer ses amendes.

C'est ridicule, il vaudrait mieux qu'il les paye.

Il a décidé de ne plus conduire.

C'est ridicule, il vaudrait mieux qu'il conduise.

Il a décidé de ne plus déménager.

C'est ridicule, il vaudrait mieux qu'il déménage.

Il a décidé de ne plus divorcer.

C'est ridicule, il vaudrait mieux qu'il divorce.

❸ « A ta place... »

[t]

Écoutez : Est-ce que je dois taper cette lettre ?
Répondez : Écoute, à ta place, je ne la taperais pas.

Est-ce que je dois lui téléphoner ?

Écoute, à ta place, je ne lui téléphonerais pas.

Est-ce que je dois l'inviter ?

Écoute, à ta place, je ne l'inviterais pas.

Est-ce que je dois lui apporter des fleurs ?

Écoute, à ta place, je ne lui en apporterais pas.

Est-ce que je dois l'attaquer en justice ?

Écoute, à ta place, je ne l'attaquerais pas.

Est-ce que je dois la quitter ?

Écoute, à ta place, je ne la quitterais pas.

Est-ce que je dois tenter le coup ?

Écoute, à ta place, je ne tenterais pas le coup.

❹ « Le blues du réalisateur »

[t]

Écoutez : Je n'ai aucune envie de tourner cette scène.
Répondez : Je serais toi, je la tournerais quand même.

Je n'ai aucune envie de traiter ce sujet.

Je serais toi, je le traiterais quand même.

Je n'ai aucune envie de situer les personnages.

Je serais toi, je les situerais quand même.

Je n'ai aucune envie de retirer le décor.

Je serais toi, je le retirerais quand même.

Je n'ai aucune envie de retravailler les dialogues.

Je serais toi, je les retravaillerais quand même.

Je n'ai aucune envie de participer à l'émission.

Je serais toi, j'y participerais quand même.

Je n'ai aucune envie de transformer le scénario.

Je serais toi, je le transformerais quand même.

LES CONSONNES. 85

5 **« Conseil d'ami »**

[t]/[d]   *Écoutez :* Tu crois vraiment que je dois débrancher
mon téléphone ?
Répondez : Ah oui, tu aurais intérêt à le débrancher.

Tu crois vraiment que je dois déchiffrer ce texte ?

Ah oui, tu aurais intérêt à le déchiffrer.

Tu crois vraiment que je dois décider
Thérèse à rester ?

Ah oui, tu aurais intérêt à la décider.

Tu crois vraiment que je dois déclarer
mes sentiments ?

Ah oui, tu aurais intérêt à les déclarer.

Tu crois vraiment que je dois décourager Thierry ?

Ah oui, tu aurais intérêt à le décourager.

Tu crois vraiment que je dois dédom-
mager ma tante ?

Ah oui, tu aurais intérêt à la dédomma-
ger.

Tu crois vraiment que je dois discuter
avec mon patron ?

Ah oui, tu aurais intérêt à discuter avec
lui.

6 **« De toute évidence ! »**

[d]/[t]   *Écoutez :* Et ces lettres, je les détruis ?
Répondez : Ben oui, pourquoi tu ne détruirais pas ces lettres ?

Et cette bouteille, je la débouche ?

Ben oui, pourquoi tu ne déboucherais pas
cette bouteille ?

Et cette table, je la déplace ?

Ben oui, pourquoi tu ne déplacerais pas
cette
table ?

Et ces textes, je les distribue ?

Ben oui, pourquoi tu ne distribuerais pas ces
textes ?

Et cette voiture, je la double ?

Ben oui, pourquoi tu ne doublerais pas cette
voiture ?

Et ces photos, je les développe ?

Ben oui, pourquoi tu ne développerais pas
ces photos ?

Et cette carte, je la découpe ?

Ben oui, pourquoi tu ne découperais pas
cette
carte ?

////////////////ÉCRITURE///////////

I. Écoutez les phrases suivantes et soulignez la ou les lettres qui correspondent au son [d].

C'est par la discussion que vous parviendrez à les faire changer d'avis.
Elle devrait se conduire différemment lorsqu'elle demande l'addition.

Comment s'écrit le son [d] ?

2. Écoutez les phrases suivantes et soulignez la ou les lettres qui correspondent au son [t].

Tu aurais intérêt à terminer ton travail ce matin.

A ta place, je partirai sans attendre, car le théâtre est assez loin d'ici.

Comment s'écrit le son [t] ?

3. Remplacez les blancs par la lettre « t » ou « d » selon ce que vous entendez :

__enise, je serais __oi, je comman__erais __u __hon na__ure et non pas __e la __ar__e à la __oma__e. __u __e plain__ras après que __u n'arrê__es pas __e grossir.

Écou__e __hérèse, __u ne m'ai__es pas en me __ic__ant ma con__ui__e __e manière aussi __irec__ive.

R : Denise, je serais toi, je commanderais du thon nature et non pas de la tarte à la tomate. Tu te plaindras après que tu n'arrêtes pas de grossir.
Écoute Thérèse, tu ne m'aides pas en me dictant ma conduite de manière aussi directive.

////////////RÉCRÉATION////////////

Jamais deux sans trois

I. LES PAIRES

A. La classe se divise en deux équipes qui forment deux files. Énoncez le premier élément de la paire et le premier de chaque équipe se précipite au tableau, craie en main, pour écrire l'autre élément de cette paire. Quand il a fini, il se place au bout de la file. Celui qui écrit le mot correctement orthographié en premier fait gagner un point à son équipe.

> ex : le professeur dit « tout »
> les deux représentants doivent écrire « doux »
>
> le professeur dit « des »
> les deux suivants doivent écrire « thé » ou « tes »
> etc.

Voici quelques paires :

tout	doux
thé	dé, des
teint	daim
temps	dent
tant	dans
thon, ton	dont, don
tard	dard
tord(s)	dors, dort
tonne	donne
toute	doute
tête	dette
été	aider, etc

B. Une fois que tous les mots sont bien compris, ils sont lus à haute voix, en opposition. Puis un élève en choisit un au hasard, le mime devant les autres qui doivent le deviner.

2. QUESTIONS ET RÉPONSES

Chaque élève a devant lui une feuille de papier sur laquelle il inscrit une question comprenant des [t] et [d] et plie le papier de sorte que le voisin ne voit pas la question écrite. A son tour, il imagine une réponse à la question qu'il ne connaît pas. Puis on déplie les papiers et on lit les questions-réponses.

ex : Est-ce que la terre tourne autour du soleil ?
Rép : Tu es totalement débile

3. LE PENDU

Les élèves se mettent par deux. L'un des deux choisit un mot comprenant évidemment les sons qui nous intéressent et écrit sur une feuille de papier la première et la dernière lettre de ce mot, remplaçant chacune des autres lettres par un point.

ex : (terminal) t l

Le jeu consiste pour l'adversaire à deviner le mot sans se faire « pendre ». En effet, à côté du mot, on dresse une potence et l'élève, qui doit compléter le mot, donne une lettre, par exemple « o ».
Comme cette voyelle ne fait pas partie du mot, on commence à dessiner la tête du pendu, mais si la lettre donnée existe dans le mot, on l'écrit à la place du point, par exemple « m ».

t . . m . . . l

L'adversaire a perdu si le dessin du pendu est terminé avant qu'il ait deviné le mot.

4. LA CHARRIADE

Le jeu consiste à compléter une phrase du type « Il est tellement .... que .... »

On forme d'abord deux équipes. Chaque équipe prévoit sur une feuille une liste d'adjectifs et de verbes en [d] et [t].
Puis une équipe lance à l'autre

« Il est tellement drôle... »

et l'autre équipe répond :

    ex : « qu'il détend l'atmosphère »

C'est autour de la deuxième équipe à proposer

    ex : « Il est tellement triste...

Et la première de répondre, par exemple :

    ex : « qu'il déprime son entourage »

etc.

5. DESSINS ET LÉGENDES

Complétez les dessins ci-dessous au moyen des légendes suivantes :

    a) Je serais toi, je prendrais rendez-vous chez le dentiste.
    b) Décidément, tu devrais te détendre.
    c) A ta place, je tournerais à droite.
    d) Tu aurais plutôt intérêt à te taire.
    e) Tu aurais intérêt à te dépêcher.

Les étudiants peuvent également inventer d'autres conseils à donner.

    ex : tu devrais travailler davantage.

        C'est en étudiant que tu décrocheras ton diplôme.

        etc.

6. DIALOGUES

— Dis-donc, la décoration d'intérieur, ça te paraît intéressant?
— Je serais toi, je ferais plutôt des études d'architecture. Tu trouveras davantage de travail.

— Je lui dit tout?
— Moi je te conseille plutôt de te taire!

— Mon prof de tennis n'arrête pas de me dire des choses désagréables!
— Tu aurais intérêt à le laisser tomber!

Discussion technique

Monsieur Minitel   (conseiller en informatique)
Monsieur Duchamp (directeur commercial)

Minitel	: Et maintenant M. Duchamp, permettez-moi de jeter un coup d'œil sur les conditions d'achat de ces ordinateurs.
Duchamp	: Tenez, voilà le contrat.
Minitel	: A première vue, je serais vous, j'attendrais encore quelques temps. Ce type de modèle n'est pas encore totalement compétitif.
Duchamp	: Pourtant, le représentant m'avait donné toutes les garanties d'une excellente performance.
Minitel	: Vous auriez plutôt intérêt à prendre votre temps et à vous adresser à une maison concurrente avant de prendre une décision. En attendant vous devriez me laisser un double pour que je puisse l'étudier plus attentivement et prendre davantage de renseignements.
Duchamp	: C'est entendu, Monsieur Minitel, tenez-moi au courant!

7. POÈME

Il faut faire signe au machiniste

La dame attendait l'autobus
le monsieur attendait l'autobus
passe un chien noir qui boitait
la dame regarde le chien
le monsieur regarde le chien
et pendant ce temps-là l'autobus passa

Raymond Queneau

« Adieu ma terre ronde »
in *Courir les rues*
© Éditions Gallimard

7

Les sons

[p]

[b]

FICHE TECHNIQUE

PORTRAIT

[p]
. tendu
. grave
. labial

[b]
. relâché
. grave
. labial

DIAGNOSTIC

Le problème réside dans l'appréhension des phénomènes de *ten-sion* et de *relâchement*. Il est nécessaire de sensibiliser les élèves aux variations de l'effort musculaire afin de bien marquer l'opposition tendu/relâché (ou sourd/sonore) et permettre une production différenciée de ces deux sons. (Ex. : les Allemands, les Chinois.)

Lorsqu'un des deux sons est à acquérir :

▷ le [p] pour les arabophones par exemple, l'effort devra porter dans ce cas-là sur l'augmentation de la tension ;

La production d'une aspiration lors de l'émission de [p] provient d'une tension trop importante (*ex :* chez certains anglophones et germanophones).

ACTE DE PAROLE

. exprimer une opinion

//////////////.ÉCOUTE.//////////

I. Mettez une croix dans la colonne = si les deux mots prononcés sont identiques et une croix dans la colonne ≠ si les deux mots sont différents.

[p]/[b]

	=	≠
brune/prune		X
boire/boire	X	
pierre/bière		X
bas/pas		X
plomb/blond		X
rebut/repu		X
pain/pain	X	
trompe/trombe		X

2. Les mots suivants contiennent-ils le son [p] ?

	[p]
rapé	X
dérober	
bain	
apprendre	X
persuader	X
rapide	X
brancher	
poire	X

3. Comptez le nombre de fois où vous entendez le son [p] dans les phrases suivantes :

- Il ne peut pas repartir par avion. (4)
- J'ai l'impression qu'il est incapable de répondre. (3)
- Il apportera du pain bis* et des blancs de poulet. (3)

* pain de mie

4. Comptez le nombre de fois où vous entendez le son [b] dans les phrases suivantes :

- Il a bu beaucoup de bières. (3)
- Il est impossible qu'elle bavarde aussi bêtement. (3)
- Il est très aimable et bien fait de sa personne. (2)

LES CONSONNES. 93

[p]

Imaginez la vapeur d'eau qui s'échappe avec force d'une casserole posée sur le feu, et dont le couvercle est mal fermé. La tension est évidemment extrême.

[b]

Ce son qui est relâché nous fait penser au bruit que fait une crème épaisse, au chocolat par exemple, qui bout elle aussi, mais avec plus de difficulté et de lenteur.

La classe devient ainsi tour à tour une grande casserole d'eau puis de crème qui bout, qui bout... !

APPLICATION

Formez deux groupes : le groupe des **[b]**

le groupe des **[p]**

Vous dites par exemple « pas » le groupe des **[b]** répond « bas » mais si vous dites « bière », c'est au groupe des **[p]** de répondre « Pierre », puis on inverse les groupes :

> beau
> poule
> bain
> boire
> prune
> etc.

94

///////////////.GAMMES//////////////

❶ « Portrait »

[p]

Écoutez : J'ai l'impression que Pierre est paresseux.
Répondez : Paresseux, ça se peut!

J'ai l'impression que Pierre est sportif.   Sportif, ça se peut!
J'ai l'impression que Pierre est espiègle.   Espiègle, ça se peut!
J'ai l'impression que Pierre est captivant.   Captivant, ça se peut!
J'ai l'impression que Pierre est passionné.   Passionné, ça se peut!
J'ai l'impression que Pierre est casse-pieds.   Casse-pieds, ça se peut!
J'ai l'impression que Pierre est capricieux.   Capricieux, ça se peut!

❷ « Possibilités limitées »

[p]

Écoutez : Peut-il le faire ?
Répondez : Alors là, je ne sais pas s'il peut le faire.

Peut-il le porter ?   Alors là, je ne sais pas s'il peut le porter.
Qu'en pense-t-il ?   Alors là, je ne sais pas ce qu'il en pense.
En est-il persuadé ?   Alors là, je ne sais pas s'il en est persuadé.
Qu'espère-t-il ?   Alors là, je ne sais ce qu'il espère.
A quoi aspire-t-il ?   Alors là, je ne sais pas ce à quoi il aspire.
Qu'apprend-il ?   Alors là, je ne sais pas ce qu'il apprend.

❸ « Quel affublement ! »

[b]

Écoutez : Tu as vu son habit ?
Répondez : Oh ça, c'est un drôle d'habit!

Tu as vu son bermuda ?   Oh ça, c'est un drôle de bermuda!
Tu as vu sa barbe ?   Oh ça, c'est une drôle de barbe!
Tu as vu sa robe ?   Oh ça, c'est une drôle de robe!
Tu as vu sa blouse ?   Oh ça, c'est une drôle de blouse!
Tu as vu son maillot de bain ? Oh ça, c'est un drôle de maillot de bain!
Tu as vu son tablier ?   Oh ça, c'est un drôle de tablier!

LES CONSONNES. 95

4 « Bonnes questions ! »

[b]

Écoutez : Il faut que je boive ça, tu crois ?
Répondez : A mon avis, tu devrais le boire.

Il faut que je m'habille, tu crois ?
A mon avis, tu devrais t'habiller.

Il faut que je bouge, tu crois ?
A mon avis, tu devrais bouger.

Il faut que je l'oublie, tu crois ?
A mon avis, tu devrais l'oublier.

Il faut que je le balade, tu crois ?
A mon avis, tu devrais le balader.

Il faut que je bosse aujourd'hui, tu crois ?
A mon avis, tu devrais bosser.

Il faut que je m'abonne à ça, tu crois ?
A mon avis, tu devrais t'y abonner.

5 « Pauvre diable »

[p]/[b]

Écoutez : Il n'est pas possible !
Répondez : Ah oui, il est tout à fait impossible !

Il n'est pas pardonnable !
Ah oui, il est tout à fait impardonnable !

Il n'est pas supportable !
Ah oui, il est tout à fait insupportable !

Ce n'est pas pensable !
Ah oui, c'est tout à fait impensable !

Il n'en est pas capable !
Ah oui, il en est tout à fait incapable !

Il n'est pas domptable !
Ah oui, il est tout à fait indomptable !

Ce n'est pas exprimable !
Ah oui, c'est tout à fait inexprimable !

6 « Petite bouffe »

[p]/[b]

Écoutez : Je mets du beurre ?
Répondez : Oh oui, un peu de beurre, c'est possible.

Je mets du vin blanc ?
Oh oui, un peu de vin blanc, c'est possible.

Je mets du bouillon de poule ?
Oh oui, un peu de bouillon de poule, c'est possible.

Je mets de la bière ?
Oh oui, un peu de bière, c'est possible.

Je mets de la béchamel ?
Oh oui, un peu de béchamel, c'est possible.

Je mets de la brioche ?
Oh oui, un peu de brioche, c'est possible.

Je mets du bordeaux ?
Oh oui, un peu de bordeaux, c'est possible.

ÉCRITURE

1. Écoutez les phrases suivantes et soulignez la ou les lettres qui correspondent au son [p].

Vous apporterez ce qu'il faut pour faire du pain.

Personne ne peut comprendre pourquoi il est reparti aussi rapidement.

Comment s'écrit le son [p] ?

2. Écoutez les phrases suivantes et soulignez la lettre qui correspond au son **[b]**.

Il nous a souhaité la bienvenue avec beaucoup d'amabilité.

Il a peut-être les yeux bleus mais il n'est pas brillant en public.

Comment s'écrit le son **[b]** ici ?

3. Remplissez les blancs par la lettre « p » ou « b » selon ce que vous entendez.

Il est __ossi__le que je ne __uisse __as re__artir en __ateau avec lui.

Je ne com__rends __as comment elle __eut __orter des __as aussi __ariolés.

Il est inca__a__le de __oire du __ordeaux à tous les re__as.

D'ha__itude je le trouve __ien, mais de__uis quelques temps il devient im__uva__le et __ar__ant quand il croit __osséder la __onne __arole.

R. : Il est possible que je ne puisse pas repartir en bateau avec lui.
Je ne comprends pas comment elle peut porter des bas aussi bariolés.
Il est incapable de boire du bordeaux à tous les repas.
D'habitude, je le trouve bien, mais depuis quelque temps il devient imbuvable et barbant quand il croit posséder la bonne parole.

////////////////RÉCRÉATION////////////////

Bien mal acquis ne profite jamais

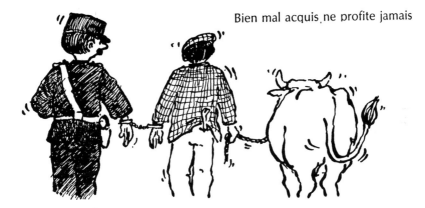

I. LES PETITS BILLETS

Chaque élève reçoit un petit billet sur lequel est inscrit l'un des mots suivants :
beau - une bière - une brune - une boule - des bas - un bout - une barre -
un bord - un banc - un bon - un bain - un blanc - un blond - boire -
il doit chercher le mot correspondant qui forme la paire, puis il fait deviner à ses camarades les deux mots de la paire.

Ex : J'ai une belle paire à vous proposer :
Le premier est petit et rond comme un petit ballon (rép. une boule)
Le deuxième est une bête de basse-cour qui pond des œufs (rép. une poule)

Celui qui a perdu est celui dont on ne devine pas la paire.

2. L'ADVERBE CACHÉ

Un élève s'éloigne tandis que les autres choisissent un adverbe de « manière » contenant un [p] ou un [b].

   Ex : paresseusement, bêtement, poliment, etc.

De retour, il pose une question à chacun de ses camarades qui exprimeront l'adverbe dans la façon de répondre.

Si l'adverbe choisi est « poliment », les joueurs répondront avec une extrême politesse :

   Ex : question : tu as bien dormi ?
      réponse : oh très bien ! Je te remercie, c'est très aimable à toi de me poser cette question.

Celui qui pose la question doit deviner l'adverbe en question. Il ne peut pas se tromper plus de deux fois.

3. TIPOTER

Un élève sort, les autres se mettent d'accord sur un verbe contenant un [p] ou un [b]. L'élève pose alors des questions à l'aide du verbe « tipoter » et les autres répondront en choisissant parmi les énoncés de certitude, de probabilité, de possibilité et de doute présentés ci-dessous.

   Ex : bailler

      question : est-ce qu'on peut tipoter avec une autre personne ?
      réponse : c'est possible mais c'est plutôt personnel.

(*Énoncés :* bien sûr, vous ne pouvez pas, je suis persuadé, il est probable, probablement, peut-être que, il se peut que, il se pourrait bien, c'est possible, il n'est pas possible, je ne le pense pas, parfois, plutôt pas.)

4. JE T'AIME UN PEU, BEAUCOUP, PASSIONNÉMENT, A LA FOLIE, PAS DU TOUT !

Lorsqu'on porte un jugement sur quelqu'un, on peut utiliser l'un des énoncés ci-dessous :

- il me plaît beaucoup
- je le trouve superbe
- elle est parfaite
- il est très bien de sa personne
- il est très beau et très bon
- elle n'est pas mal du tout
- il est assez bien, assez beau
- il n'est pas terrible !
- il est plutôt moche
- il est barbant et casse-pieds
- il est très sympa
- il est super
- il est pitoyable
- elle me fait pitié tellement elle est bête
- il est repoussant

Complétez cette liste, puis portez un jugement sur les photos ci-dessous :

5. LES PETITES ANNONCES

Postier, emploi stable cherche belle brune pour partager bonheur et plénitude.

Belle blonde, yeux bleus études supérieures, rencontrerait partenaire battant et passionné pour vie pétillante et pleine de promesses.

Petit poussin perdu cherche abri hospitalier et apaisant.

Chaque élève produit une petite annonce. Ces annonces sont mélangées et chacun en tire une au hasard et y répond. Faites lire les annonces et les réponses à haute voix.

6. DIALOGUES

— Regarde ce tableau, il me plaît beaucoup !
— Oui, mais on n'a pas les moyens de se le payer !

— Mais elle est très bien cette personne !
— Bien entendu, mais en apparence surtout !

— Qu'il est barbant ce prof !
— Peut-être, mais qu'est-ce qu'il est beau !

— Elle me fait pitié tellement elle est bête !
— Tu n'es pas très bienveillante avec cette pauvre fille !

Parlez-moi d'amour*

Pauline : Ne trouves-tu pas, Bérangère, qu'il est bien fait de sa personne ?
Bérangère : Il me semble.
Pauline : Que ses paroles, comme ses actions ont quelque chose de noble !
Bérangère : Il se peut.
Pauline : Qu'on ne peut rien entendre de plus passionné que tout ce qu'il me dit !
Bérangère : Bien sûr !
Pauline : Qu'il a l'esprit le plus brillant du monde ?
Bérangère : J'en suis persuadée.
Pauline : Mais ma pauvre Bérangère, crois-tu qu'il m'aime autant qu'il le prétend ?

* cf. Le Malade imaginaire de Molière (Acte I - Scène 4)

Trois siècles plus tard : Les paroles passent, les nobles sentiments persistent (version branchée).

Paroles sur un parking

Patricia : Dis Brigitte, mon copain, il est super, non ?
Brigitte : Ouais, pas mal.
Patricia : Et puis, il est vachement sportif : planche à voile, patins, pas triste le mec, tu vois ?
Brigitte : Ben c'est bien pour toi ?
Patricia : Et c'est pas tout, avec lui, c'est l'imprévu, tu vois, sympa, branché et tout.
Brigitte : Et bien alors, c'est parfait, de quoi tu te plains ?
Patricia : Brigitte dis-moi, tu crois qu'il m'aime autant qu'il le prétend ?

7. POÈME

Le Blaireau

Pour faire ma barbe
Je veux un blaireau,
Graine de rhubarbe,
Graine de poireau.

Par mes poils de barbe !
S'écrie le blaireau,
Graine de rhubarbe,
Graine de poireau.

Tu feras ta barbe
Avec un poireau,
Graine de rhubarbe,
T'auras pas ma peau.

Robert Desnos

Chantefables et Chantefleurs
© Gründ

100

LES CONSONNES

les sons

[b]

[v]

FICHE TECHNIQUE

PORTRAIT

[b]
. relâché
. labial
. grave

[v]
. relâché
. labial
. grave

DIAGNOSTIC

Ce problème concerne les hispanophones et les Japonais. Les caractéristiques de ces deux sons sont identiques, la différence se situe au point d'articulation.

En effet, si les élèves mettent la main devant la bouche lorsqu'ils prononcent [v], ils doivent sentir l'air s'échapper de façon continue, alors que pour [b] qui se prononce lèvres fermées, l'air sort après l'émission du son.

ACTE DE PAROLE

. décrire
. parler de son état physique

I. Mettez une croix dans la colonne = si les deux mots prononcés sont identiques, ou dans la colonne ≠ s'ils sont différents.

	=	≠
vase/base		X
bain/vin		X
vague/bague		X
vol/bol		X
ravin/ravin	X	
veuf/veuf	X	
avis/habit		X
revoit/revoit	X	

2. Vous allez entendre une suite de mots, ils contiennent soit le son [b], soit le son [v]. Mettez une croix dans la colonne correspondante.

	[b]	[v]
lavoir		X
rébus	X	
bâche	X	
obèse	X	
raviné		X
aboyer	X	
savon		X
avisé		X

3. Combien de fois entendez-vous le son [v] dans les phrases suivantes ?

- Il est ravi de venir vous voir. (4)
- J'ai envie de boire un verre de vin. (3)
- C'est un vase de valeur que je viens d'abîmer. (3)

4. Le son [b] apparaît-il dans la Ire ou la 2e syllabe des mots suivants ?

	Ire	2^e
bavoir	X	
valable		X
visible		X
buvons	X	
vibrant		X
verbal		X
bévue	X	
boulevard	X	

LES CONSONNES. 103

[b]

Pour prononcer le [b] c'est comme si on s'apprêtait à faire la bise à quelqu'un.
Bouche close, lèvres arrondies et légèrement projetées en avant, voilà le départ d'un baiser et aussi d'un beau [b].
On peut également représenter ce son en fermant le poing. La rondeur du poing rappelle celle des lèvres prêtes à prononcer [b] ainsi que la graphie correspondante, à savoir la lettre « b ».

[v]

Pour prononcer [v] les dents du haut viennent dessiner sur la lèvre inférieure la pointe de la lettre « v ».
On peut également se représenter le son en levant l'index (droit et « pointu » par rapport au poing qui est rond comme nous l'avons vu).

APPLICATION

Chaque élève a devant lui deux cartons : l'un comporte un rond (pour [b]) et l'autre un triangle (pour [v]).

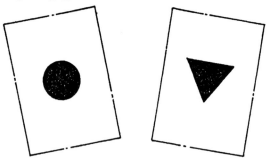

Quand les élèves entendent un mot avec [b], ils lèvent le carton sur lequel il y a le rond et quand ils entendent [v], ils lèvent l'autre. Si vous n'avez pas le temps de préparer les cartons, faites le même jeu en utilisant le poing, et l'index.

104

Vous allez dire les mots suivants :

beau	vois
bâteau	verra
biche	boira
vache	vin
veau	abeille
habit	bien
avis	etc.
[b]	**[v]**

///////////////GAMMES/////////////

1 « Bariolé »

[b]   *Écoutez :* Tiens, voilà le beige que tu cherchais.
Répondez : Ah non, ce n'est pas le même beige.

Tiens, voilà le brun que tu cherchais.

Ah non, ce n'est pas le même brun.

Tiens, voilà le blanc cassé que tu
cherchais.

Ah non, ce n'est pas le même blanc cassé.

Tiens, voilà le bleu marine que tu
cherchais.

Ah non, ce n'est pas le même bleu marine.

Tiens, voilà le rouge framboise que
tu cherchais.

Ah non, ce n'est pas le même rouge framboise.

Tiens, voilà le jaune abricot que
tu cherchais.

Ah non, ce n'est pas le même jaune abricot.

Tiens, voilà le rose bonbon que tu
cherchais.

Ah non, ce n'est pas le même rose bonbon.

2 « Un beau parti »

[b]   *Écoutez :* Je le trouve très beau.
Répondez : Ben oui, il est beau et alors ?

Tu sais, je le trouve très bon.
Il est aussi très habile.
Parfois badin,
Avec ça, un rien libertin,
Et en plus de ça, célèbre,

Mais c'est vraiment dommage qu'il soit
obèse !

Ben oui, il est bon et alors ?
Ben oui, il est habile et alors ?
Ben oui, il est badin et alors ?
Ben oui, il est libertin et alors ?
Ben oui, il est célèbre et
alors ?
Ben oui, il est obèse et alors ?

❸ «Valeur sûre!»

[v] *Écoutez :* Elle aime le sport, non ?
Répondez : En effet, c'est une personne très sportive.

Elle montre beaucoup de passivité, non ?	En effet, c'est une personne très passive.
Elle est souvent enfermée dans ses pensées, non ?	En effet, c'est une personne très pensive.
On ressent beaucoup d'émotion chez elle, non ?	En effet, c'est une personne très émotive.
Elle a le goût de la possession, non ?	En effet, c'est une personne très possessive.
Il y a beaucoup d'impulsivité chez elle, non ?	En effet, c'est une personne très impulsive.
Elle a toujours su agir, non ?	En effet, c'est une personne très active.

❹ «Oh la vache!»

[v] *Écoutez :* Il est vachement* vulgaire, non ?
Répondez : Oh là là, quelle vulgarité !

Il est vachement viril, non ?	Oh là là, quelle virilité !
Il est vachement vigoureux, non ?	Oh là là, quelle vigueur !
Il est vachement vif, non ?	Oh là là, quelle vivacité !
Il est vachement vorace, non ?	Oh là là, quelle voracité !
Il est vachement véloce, non ?	Oh là là, quelle vélocité !
Il est vachement virtuose, non ?	Oh là là, quelle virtuosité !

* vachement (familier) : très.

❺ «De vrais bobards*»

[b]/[v] *Écoutez :* Peut-on le laver ?
Répondez : Bien sûr, c'est tout à fait lavable.

Peut-on l'envisager ?	Bien sûr, c'est tout à fait envisageable.
Peut-on le boire ?	Bien sûr, c'est tout à fait buvable.
Ça a une certaine valeur ?	Bien sûr, c'est tout à fait valable.
On peut vivre ici ?	Bien sûr, c'est tout à fait vivable.
On peut le voir ?	Bien sûr, c'est tout à fait visible.
On peut le vérifier ?	Bien sûr, c'est tout à fait vérifiable.

* bobard (familier) : mensonge.

6 « **Pauvre bougre*!** »

[b] ou [v]   *Écoutez :* Qu'est-ce que tu as au ventre ?
Répondez : Je ne sais pas, mais j'ai vraiment mal au ventre.

Qu'est-ce que tu as au bras ?	Je ne sais pas, mais j'ai vraiment mal au bras.
Oh, tu as la bouche tout enflée, qu'est-ce qui se passe ?	Je ne sais pas, mais j'ai vraiment mal à la bouche.
Pourquoi tu as les lèvres toutes gercées ?	Je ne sais pas, mais j'ai vraiment mal aux lèvres.
Pourquoi tu as les chevilles gonflées ?	Je ne sais pas, mais j'ai vraiment mal aux chevilles.
Pourquoi tu traînes la jambe comme ça ?	Je ne sais pas, mais j'ai vraiment mal à la jambe.
Pourquoi tu ne peux pas te redresser, ce sont les vertèbres ?	Je ne sais pas, mais j'ai vraiment mal aux vertèbres.

*bougre (familier) : individu.

ÉCRITURE

I. Écoutez les phrases suivantes et soulignez la lettre qui correspond au son **[b]**.

Elle est superbe et a bonne mine.
C'est un beau bébé bien habillé.
Elle est abrutissante quand elle bavarde sans raison valable.

Comment s'écrit le son **[b]** ici ?

2. Écoutez les phrases suivantes et soulignez la lettre qui correspond au son **[v]**.

J'ai envoyé tous mes vieux vêtements à la laverie automatique.
Il a vraiment de la veine de pouvoir encore bouger après ce qui lui est arrivé aux vertèbres.

Comment s'écrit le son **[v]** ici ?

3. Remplacez les blancs par la lettre « b » ou « v » selon ce que vous entendez.

Il a le __isage __lême et je ne __ois pas ce qui lui est arri__é.
Il ou__lie tout et il me sem__le rê__eur. A-t-il des pro__lèmes gra__es ou est-il tout __onnement amoureux ?
__isi__lement, il est très pertur__é. C'est très __izarre de l'o__ser__er, car il ne nous a pas ha__itués à une telle __ulnéra__ilité.

R : Il a le visage blême et je ne vois pas ce qui lui est arrivé.
Il oublie tout et il me semble rêveur. A-t-il des problèmes graves ou est-il tout bonnement amoureux ?
Visiblement, il est très perturbé. C'est très bizarre de l'observer, car il ne nous a pas habitués à une telle vulnérabilité.

Quand le bâtiment va tout va

I. BONHOMME A HABILLER

Les élèves cherchent toutes les parties du corps qu'ils connaissent contenant un [b] ou un [v] et les inscrivent à la bonne place sur le dessin, puis ils habillent le bonhomme de vêtements contenant la lettre « b » ou « v » et comparent les tenues dont ils l'auront affublé.

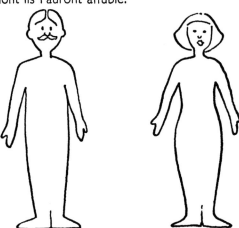

2. PORTRAIT

Faites chercher des adjectifs contenant un [b] ou un [v] afin de constituer des portraits.

> ex : blond, brun, vert, ovale, busqué, beau, vif, etc.

3. SLOGANS PUBLICITAIRES

Demandez à vos élèves d'inventer des slogans pour des produits de beauté.

> ex : Pour revitaliser votre visage maintenant
> Adoptez Vitabon à l'huile de vison qui combat vraiment le vieillissement.

4. BAGAGES

L'élève n° 1 dit : Je pars en voyage et je mets dans ma valise une veste
l'élève n° 2 reprend la première phrase et ajoute : une blouse
l'élève n° 3 reprend le tout et ajoute un 3ᵉ élément, ainsi de suite.
L'élève qui oublie un objet, ou qui ne les dit pas dans l'ordre, est éliminé.

5. LE MARIAGE BISCORNU

Chaque élève a devant lui une feuille de papier sur laquelle il écrit tout d'abord
le nom d'un homme célèbre (qui contient un [b] ou un [v]) puis il plie le
papier afin que son voisin de droite à qui il passe la feuille ne puisse voir le
nom. Puis on écrit celui d'une femme célèbre contenant un [b] ou un [v]. A
nouveau on plie et on passe selon la procédure suivante :

ex : un homme célèbre : Gorbatchev
       rencontre
     une femme célèbre : Brigitte Bardot
     où ?   dans un bateau à voile
     Il lui dit :   vous êtes ravissante
     Elle lui répond :   surtout en vinaigrette
     Ils décident :   de valser jusqu'à l'aube.

Il est souvent plus drôle de mélanger personnes célèbres et personnes de
la classe.

6. ACROSTICHE

Choisissez un mot contenant un [b] ou un [v] ou les deux.
Écrivez-le verticalement puis, faites reformer autant de nouveaux mots que
l'ancien contient de lettres.

ex : **V**alise
     Ébéniste
     Robe
     Ivre
     Trouver
     Avion   Il doit y avoir des substantifs, des ver-
     Blanc   bes, des adverbes et des adjectifs. Puis,
     Laver   à l'aide de ces mots, faites inventer
     Effort   une histoire.

7. DIALOGUES

— Mais tu es superbe, qu'est-ce qui t'arrive ?
— Ben, je reviens de vacances !

— Tu as bonne mine, tu sais Valérie !
— Et pourtant je suis crevée, j'ai un de ces boulot !

— Mais qu'est-ce que tu es belle en ce moment !
— Normal je vais avoir un bébé !

LES CONSONNES. 109

— Mais tu es toute blanche, tu ne vas pas t'évanouir ?
— Je ne sais pas ce que j'ai bouffé, mais j'ai un de ces mal de ventre !

Chez le toubib

Brock   : Alors, de quoi souffrez-vous ?
Le Tambour   : Attendez que je me souvienne. Voilà, quand je prends un
               bain, il y a des fois que je sens comme des espèces de vagues
               tremblements qui vasouillent ou plutôt qui me barbouillent...
Brock   : Attention, ne nous troublons pas. Est-ce que ça vasouille ou
               ça barbouille ?
Le Tambour   : Ça vasouille (il médite) mais ça me barbouille bien aussi
               un peu.
               Etc.

Remarque : Toute ressemblance avec un célèbre dialogue n'est que pure coïncidence !

« Allô Docteur »

— Allô Docteur Bobo, j'ai de la fièvre.
— Dites-moi ce qui ne va pas, Mademoiselle Lebon.
— Je ne sais pas, j'ai des vertiges, des vapeurs, des brûlures et des lour-
deurs. A votre avis, c'est grave ?
— Mais bien sûr que non
Car avec Asbron
Tous vos maux s'en vont.
C'était votre page de publicité !
Aux élèves d'inventer de petits dialogues pour parler de leur état physique.

8. POÈMES

Un enfant a dit

Adieu ma terre ronde
adieu mes arbres verts
je m'en vais dans la tombe
dire bonjour aux vers
– tout poète à la ronde
peut saboter un vers
moi j'éteins la calcombe
et m'en vais boire un verre

Raymond Queneau
« Adieu ma terre ronde »
in *L'instant fatal*
© Éditions Gallimard

Pas vu ça

Pas vu la comète
Pas vu la belle étoile
Pas vu tout ça

Pas vu la mer en flacon
Pas vu la montagne à l'envers
Pas vu tant que ça

Mais vu deux beaux yeux
Vu une belle bouche éclatante
Vu bien mieux que ça

Robert Desnos
extrait de « Youki 1930 Poésie »
in *Destinée arbitraire*
© Éditions Gallimard

LES CONSONNES

les sons

[f]

[v]

FICHE TECHNIQUE

PORTRAIT

[f]
. tendu
. grave
. labial

[v]
. relâché
. grave
. labial

DIAGNOSTIC

Le problème réside dans l'appréhension des phénomènes de *tension* et de *relâchement*. Il est nécessaire de sensibiliser les élèves aux variations de l'effort musculaire afin de bien marquer l'opposition tendu/relâché (ou sourd/sonore) et permettre une production différenciée de ces deux sons.

Dans le cas où la confusion entre les deux sons se produit en français, alors que ces sons existent dans la langue maternelle de l'élève (*ex :* l'allemand), cela provient ici d'un problème distributionnel doublé d'une particularité graphique puisque le « v » se prononce [f] dans la plupart des cas.

ACTE DE PAROLE

. accueillir

ÉCOUTE

I. Mettez une croix dans la colonne = si les deux mots prononcés sont identiques ou dans la colonne ≠ s'ils sont différents.

	=	≠
feu/vœu		X
envers/enfer		X
faim/vin		X
envie/envie	X	
foie/voit		X
avalé/affalé		X
font/font	X	
vendre/fendre		X

2. Combien de fois entendez-vous le son [f] dans les phrases suivantes ?

- Faites-nous le plaisir de goûter ces petits fours fabriqués en famille. (4)
- Chez quel fabricant avez vous trouvé ces fauteuils confortables ? (3)
- Figurez-vous qu'il refait surface après un temps fou. (4)

3. Combien de fois entendez-vous le son [v] dans les phrases suivantes ?

- Vous savez c'est une sportive avisée. (4)
- Si vous aimez faire de la voile, nous vous invitons vendredi. (5)
- Venez nous rendre visite vous serez toujours les bienvenus. (4)

4. Vous allez entendre une suite de mots, ils contiennent soit le son [f] soit le son [v], mettez une croix dans la colonne correspondante.

	[f]	[v]
farine	X	
refuser	X	
sauver		X
bafouer	X	
affermi	X	
flamme	X	
bavure		X
savourer		X

[v]

« vvvvvvv... » murmure le vent quand il souffle, sur la campagne.

[f]

« ffffff... » lui répondent les feuilles qui bruissent et qui s'agitent.

APPLICATION

Qu'est-ce qui rime avec « faux » ? Les élèves devront répondre : « veau » et avec « envers », ils devront répondre « enfer ».
Allons-y :

Qu'est-ce qui rime avec :

faon	vœu
font	fit
voie	fer
fais	envers
vin	avalé
fendre	rafale

❶ « Visite »

[v]

Écoutez : Je pourrais passer vous voir ?
Répondez : Oh oui, quel plaisir que vous passiez me voir !

Vous me recevrez ?	Oh oui, quel plaisir de vous recevoir !
Vous m'accueillerez ?	Oh oui, quel plaisir de vous accueillir !
Vous m'inviterez ?	Oh oui, quel plaisir de vous inviter !
Je pourrais vous voir ?	Oh oui, quel plaisir de vous voir !
Je pourrais être des vôtres ?	Oh oui, quel plaisir que vous soyez des nôtres !
Vous me reverrez ?	Oh oui, quel plaisir de vous revoir !

❷ « Bienvenue »

[v]

Écoutez : Voilà Valérie.
Répondez : Entrez, vous êtes la bienvenue, Valérie.

Voilà Virginie.	Entrez, vous êtes la bienvenue, Virginie.
Voilà Violette.	Entrez, vous êtes la bienvenue, Violette.
Voilà Victor.	Entrez, vous êtes le bienvenu, Victor.
Voilà Véronique.	Entrez, vous êtes la bienvenue, Véronique.
Voilà Vincent.	Entrez, vous êtes le bienvenu, Vincent.
Voilà Valentin.	Entrez, vous êtes le bienvenu, Valentin.

❸ « J'aime les filles... »

[f]

Écoutez : Ce n'est pas la jeune fille qui vient de Finlande ?
Répondez : Mais si, c'est notre petite finlandaise !

Ce n'est pas la jeune fille qui vient de France ?	Mais si, c'est notre petite française !
Ce n'est pas la jeune fille qui vous coiffe ?	Mais si, c'est notre petite coiffeuse !
Ce n'est pas la jeune fille qui vient d'Afrique ?	Mais si, c'est notre petite africaine !
Ce n'est pas la jeune fille qui tient la pharmacie ?	Mais si, c'est notre petite pharmacienne !
Ce n'est pas la jeune fille qui vient des Flandres ?	Mais si, c'est notre petite flamande !
Ce n'est pas la petite fille qui fait des farces ?	Mais si, c'est notre petite farceuse !

❹ « Il ne fallait pas... »

[f]

Écoutez : Voilà des fleurs.
Répondez : Oh! des fleurs, il ne fallait pas!

Voilà des framboises.	Oh! des framboises, il ne fallait pas!
Voilà du foie gras.	Oh! du foie gras, il ne fallait pas!
Voilà un feuilleté.	Oh! un feuilleté, il ne fallait pas!
Voilà quelques figues.	Oh! des figues, il ne fallait pas!
Voilà quelques fraises.	Oh! des fraises, il ne fallait pas!
Voilà du fendant.	Oh! du fendant, il ne fallait pas!

❺ « Et v'là le facteur! »

[f]/[v]

Écoutez : Regarde Fabrice, toujours aussi veinard, hein ?
Répondez : Ah voilà Fabrice le veinard!

Regarde François, toujours aussi vagabond, hein ?	Ah voilà François le vagabond!
Regarde Florence, toujours aussi vertueuse, hein ?	Ah voilà Florence la vertueuse!
Regarde Firmin, toujours aussi violent, hein ?	Ah voilà Firmin le violent!
Regarde Christophe, toujours aussi vaillant, hein ?	Ah voilà Christophe le vaillant!
Regarde Fanny, toujours aussi vigilante, hein ?	Ah voilà Fanny la vigilante!
Regarde Fabienne, toujours aussi vamp, hein ?	Ah voilà Fabienne la vamp!

///////////////ÉCRITURE//////////

I. Écoutez les phrases suivantes et soulignez la ou les lettres qui correspondent au son **[f]**.

Il n'y a franchement aucune difficulté à refaire ce fauteuil.

C'est une jeune fille qui réfléchit, mais elle a parfois un côté impulsif qu'il faudrait refréner.

Comment s'écrit le son **[f]** ici ?

2. Écoutez les phrases suivantes et soulignez la lettre qui correspond au son **[v]**.

Revenez nous voir quand vous voudrez, je vous montrerai ma voiture neuve.

Elle est vraiment pensive, elle traverse une période visiblement dure.

Comment s'écrit le son **[v]** ici ?

116

3. Remplacez les blancs par la lettre « f » ou « v » selon ce que vous entendez.

Soyez les bien__enus dans notre demeure __amiliale. Je __ous in__ite à
__aire la connaissance de notre __oisin qui est __eu__ et __égétarien. Il
nous a con__ectionné de sa__oureux petits __ours.
Si __ous a__ez soi__, ser__ez-__ous sans __açon.
C'est un __rai __estin de __ortune que nous a__ons impro__isé pour
__êter __otre arri__ée impré__ue puisque __ous m'a__iez répondu de
manière é__asi__e lors de __otre coup de __il.

R : Soyez les bienvenus dans notre demeure familiale. Je vous invite à faire la connaissance de notre voisin
qui est veuf et végétarien. Il nous a confectionné de savoureux petits fours.
Si vous avez soif, servez-vous sans façon.
C'est un vrai festin de fortune que nous avons improvisé pour fêter votre arrivée imprévue puisque vous
m'aviez répondu de manière évasive lors de votre coup de fil.

////////////////RÉCRÉATION////////////////

Faire l'âne pour avoir du foin

I. PHRASES A COMPLÉTER

La classe se divise en deux groupes. Le premier groupe choisit rapidement un
verbe contenant un [v] dans une liste de verbes établie au préalable et pose
une question avec le verbe choisi mais sans complément.

ex : vous avez...

L'autre équipe doit reprendre la question (en modifiant éventuellement la
forme verbale) en y ajoutant un complément qui contient un [f].

Réponse : oui, nous avons faim !
oui, nous avons de la farine.

Ou inversement, un verbe contenant un [f] et un complément comportant un [v].

ex : vous faites...
Réponse : nous faisons de la voile.

2. ÉTATS D'AMES

On écrit au tableau pêle-mêle des adjectifs se terminant par -if :

actif - passif - sportif - émotif - attentif - pensif - possessif - impulsif - vif - évasif.

Puis un élève dit par exemple : « aujourd'hui, je réfléchis beaucoup », et les autres de répondre : « il est pensif ».

3. DEVINETTES

a) Que fait-on la nuit en dormant ?   (on rêve)
b) Avec un bon repas, il faut ?   (du bon vin)
c) Avec quoi attache-t-on un paquet ?   (avec une ficelle)
d) Que fait la neige au soleil ?   (elle fond)
e) Quand on ne mange pas de viande, on est... ?   (végétarien)
f) J'ai vu un film comique qui s'appelle « Trois   (un couffin)
hommes et... »

Vous en connaissez d'autres ?

4. CADAVRE EXQUIS

Chaque participant écrit un substantif sur un papier qu'il plie et passe à son voisin de droite. Il notera ensuite un adjectif sur le papier qu'il vient de recevoir puis un verbe transitif sur le 3e papier, un adverbe sur le 4e, un complément direct et un adjectif sur les deux papiers suivants.
Chaque terme doit comporter un [f] ou un [v].

Cela peut donner : « Mon voisin/vertueux/dévore/fébrilement/des framboises/vertes/ ».

5. DIALOGUES

— Oh Fabien, ça me fait vraiment plaisir de te voir.
— Moi aussi Viviane, ça fait un temps fou qu'on ne s'est pas vu.

— Et voilà notre vainqueur du jour, Victor Félix, faisons-lui une ovation !

— Et voilà nos chers voisins. Entrez donc, soyez les bienvenus !

Quand les Vauquier invitent les Floquet...

Madame Vauquier	: Comme ça me fait plaisir de vous voir. Vous avez trouvé facilement ?
Madame Floquet	: Oh très vite, sans difficulté.
Monsieur Vauquier	: Bienvenue à vous deux, donnez-vous la peine d'entrer.
Madame Vauquier	: Oh ces fleurs sont vraiment merveilleuses. Mais voyons, il ne fallait pas ! Valérie ma fille, va vite me chercher un vase.

Monsieur Vauquier	: Asseyez-vous donc. Mettez-vous à l'aise. Alors, qu'est-ce que je vous offre? Vodka, Fendant? Oh j'allais oublier, pour vous Victor, j'ai dans ma cave un petit vin dont j'aimerais bien que vous me donniez des nouvelles. Il se boit du reste en apéritif.
Madame Vauquier	: Alors quoi de neuf? Vous m'avez l'air en pleine forme!

Laissons ces braves gens à leur bavardage captivant et venons-en au dialogue suivant que les élèves vont eux-mêmes inventer. Imaginez cette fois Valérie Vauquier, 17 ans, qui invite ces amis : Vincent, David et Véronique. Comment va-t-elle les accueillir et que vont-ils se dire au moment de leur arrivée. Veillez à ce que les énoncés comportent des [f] et des [v]. Faites jouer cette scène ainsi que la précédente.

6. POÈME

Tant de forêts

Tant de forêts arrachées à la terre
et massacrées
achevées
rotativées
Tant de forêts sacrifiées pour la pâte à papier
des milliards de journaux attirant annuellement l'attention
des lecteurs sur les dangers du
déboisement des bois et des forêts.

Jacques Prévert
in *La pluie et le beau temps*
© Éditions Gallimard

LES CONSONNES

les sons

[s]

[z]

FICHE TECHNIQUE

PORTRAIT

[s]
. tendu
. aigu
. non labial

[z]
. relâché
. aigu
. non labial

DIAGNOSTIC

Le problème réside dans l'appréhension des phénomènes de *tension* et de *relâchement*. Il est nécessaire de sensibiliser les élèves aux variations de l'effort musculaire afin de bien marquer l'opposition tendu/relâché (ou sourd/sonore) et permettre une production différenciée de ces deux sons.

▷ les deux sons existent dans la langue maternelle mais ont une distribution différente qui doit être soulignée (*ex :* l'allemand)

▷ un des deux sons n'existe pas, par exemple [z] en espagnol. Il convient alors de travailler plus particulièrement le *relâchement.*

ACTE DE PAROLE

. Exprimer son mécontentement, son irritation, sa mauvaise humeur.

I. Mettez une croix dans la colonne = si les deux mots prononcés sont identiques ou dans la colonne ≠ s'ils sont différents.

	=	≠
race/rase		X
lèse/laisse		X
hausser/osé		X
visse/visse	X	
poisson/poison		X
base/base	X	
ils sont/ils ont		X
dessert/dessert	X	

2. Indiquez si le son [z] se trouve dans le mot prononcé.

	[z]
arrosé	X
coussin	
douzaine	X
blouse	X
bossu	
lésé	X
usé	X
salon	

3. Indiquez si le son [z] se trouve dans le 1er ou le 2e mot.

	1er	2e
bus/buse		X
vissé/visé		X
base/basse	X	
laissons/lèsons		X
casé/cassé	X	
dessert/désert		X
douceur/douze heures		X
racé/rasé		X

4. Combien de fois entendez-vous le son [z] dans les phrases suivantes?

- Il y a beaucoup de choses dans le magasin. (2)
- Le vase plein de roses vient de mon cousin. (3)
- Il y a un programme très agréable à la télévision. (2)
- Ils ont cassé tous les œufs qu'ils avaient apportés. (3)

LES CONSONNES. 123

[s]

Vous imaginez un serpent qui se dresse et qui siffle de colère.

[z]

...et une abeille qui tourne tranquillement autour de lui.

APPLICATION

Faites répéter les mots suivants :

basse	base
casse	case
laisse	lèse
hausse	ose
visse	vise

GAMMES

❶ « Mauvaise humeur »

[z]   *Écoutez :* Où as-tu mis ma robe ?
Répondez : Ben, je l'ai mise là-bas, enfin!

Où as-tu pris cette photo ?	Ben, je l'ai prise là-bas, enfin!
Où as-tu appris cette nouvelle ?	Ben, je l'ai apprise là-bas, enfin!
Où as-tu entrepris cette démarche ?	Ben, je l'ai entreprise là-bas, enfin!
Où as-tu repris ta voiture ?	Ben, je l'ai reprise là-bas, enfin!
Où as-tu transmis cette note ?	Ben, je l'ai transmise là-bas, enfin!
Où as-tu remis cette clé ?	Ben, je l'ai remise là-bas, enfin!

❷ « Mais enfin ! »

[z]   *Écoutez :* As-tu déjà fait la visite de l'appartement ?
Répondez : Évidemment, il a été visité!

Et les mesures du salon ?	Évidemment, il a été mesuré!
As-tu casé les meubles ?	Évidemment, ils ont été casés!
Et l'arrosage des plantes ?	Évidemment, elles ont été arrosées!
Et la pose de la moquette ?	Évidemment, elle a été posée!
Et la révision des radiateurs ?	Évidemment, ils ont été révisés!
Et le dépôt des clés ?	Évidemment, elles ont été déposées!

❸ « Plaisanteries »

[z]   *Écoutez :* Il y en a treize.
Répondez : Tu plaisantes, on ne peut pas prendre le treizième!

Il y en a quinze.	Tu plaisantes, on ne peut pas prendre le quinzième!
Il a trois enfants.	Tu plaisantes, on ne peut pas prendre le troisième!
Il a dix-huit élèves.	Tu plaisantes, on ne peut pas prendre le dix-huitième!
Il veut prendre les deux voitures.	Tu plaisantes, on ne peut pas prendre la deuxième!
Il en a acheté onze.	Tu plaisantes, on ne peut pas prendre la (le) onzième!
Il a acheté douze albums.	Tu plaisantes, on ne peut pas prendre le douzième!

LES CONSONNES. 125

❹ « Insensé... »

[s]   *Écoutez :* Il est vraiment insouciant.
Répondez : Une telle insouciance, c'est insensé!

Il est vraiment sensible.	Une telle sensibilité, c'est insensé!
Il est vraiment inconscient.	Une telle inconscience, c'est insensé!
Il est vraiment instable.	Une telle instabilité, c'est insensé!
Il est vraiment cynique.	Un tel cynisme, c'est insensé!
Il est vraiment stupide.	Une telle stupidité, c'est insensé!
Il est vraiment silencieux.	Un tel silence, c'est insensé!

❺ « Encore ça! »

[s]   *Écoutez :* Êtes-vous prête à assurer le travail ?
Répondez : Et pourquoi faudrait-il encore que j'assure ça?

Êtes-vous prête à servir cette spécialité ?	Et pourquoi faudrait-il encore que je serve ça?
Êtes-vous prête à assumer la lecture ?	Et pourquoi faudrait-il encore que j'assume ça?
Êtes-vous prête à supporter sa présence ?	Et pourquoi faudrait-il encore que je supporte ça?
Êtes-vous prête à décider de la réalisation ?	Et pourquoi faudrait-il encore que je décide de ça?
Êtes-vous prête à accélérer la fabrication ?	Et pourquoi faudrait-il encore que j'accélère ça?
Êtes-vous prête à accepter un délai ?	Et pourquoi faudrait-il encore que j'accepte ça?

❻ « Incompréhension »

[s]/[z]   *Écoutez :* Il est opposé à ce projet.
Répondez : Vraiment, je ne comprends pas son opposition.

Il a pris position contre les grévistes.	Vraiment, je ne comprends pas sa position.
Il hésite à s'engager.	Vraiment, je ne comprends pas son hésitation.
Il résiste à tout changement.	Vraiment, je ne comprends pas sa résistance.
Il est très à l'aise dans cette situation.	Vraiment, je ne comprends pas son aisance.
Tu sais, il a été présent à ce mariage.	Vraiment, je ne comprends pas sa présence.
Il a décidé de quitter son travail.	Vraiment, je ne comprends pas sa décision.

126

7 « Opposition systématique »

[s]/[z]

Écoutez : Vous savez que nos plans ont été sabotés ?
Répondez : Ils les ont encore sabotés, que c'est agaçant !

Vous savez que les gardiens ont été soudoyés ?	Ils les ont encore soudoyés, que c'est agaçant !
Vous savez que nos propositions ont été simplifiées ?	Ils les ont encore simplifiées, que c'est agaçant !
Vous savez que les pauses ont été supprimées ?	Ils les ont encore supprimées, que c'est agaçant !
Vous savez que nos conclusions ont été sous-estimées ?	Ils les ont encore sous-estimées, que c'est agaçant !
Vous savez que les réunions ont été suspendues ?	Ils les ont encore suspendues, que c'est agaçant !
Vous savez que les primes ont été sacrifiées ?	Ils les ont encore sacrifiées, que c'est agaçant !

ÉCRITURE

1. Écoutez les phrases suivantes et soulignez la lettre qui correspond au son **[z]**.

C'est un désert au sable rose dans lequel se trouve des zèbres qu'on ne voit pas au zoo.

Le vase repose sur un socle peu visible.

Comment s'écrit le son **[z]** ici ?

2. Écoutez les phrases suivantes et soulignez la ou les lettres qui correspondent au son **[s]**.

J'ai acheté des chaussures qui sont solides mais trop serrées.

Il est insupportable lorsqu'il se passionne pour les courses automobiles.

Comment s'écrit le son **[s]** ici ?

3. Remplacez les blancs par les lettres « s » ou « ss » selon ce que vous entendez.

C'est un poi__on bien a__ai__onné à la chair ro__ée.
Où po__er ce de__ert appéti__ant mais a__ez peu pré__entable.
Il est a__ez amu__ant quand il plai__ante.
Vous connai__ez cette dan__eu__e qui pa__e ce __oir à la télévi__ion.

R : C'est un poisson bien assaisonné à la chair rosée.
Où poser ce dessert appétissant mais assez peu présentable.
Il est assez amusant quand il plaisante.
Vous connaissez cette danseuse qui passe ce soir à la télévision.

Cœur qui soupire n'a pas ce qu'il désire

I. LOTO

Chaque élève reçoit un carton comprenant 5 nombres de I à 20, dont deux ou trois doivent contenir un [s] ou un [z]. Tirez au hasard un petit papier sur lequel est inscrit l'un des 20 chiffres, énoncez-le à haute voix et les élèves le répètent après vous. Celui qui possède ce chiffre le recouvre d'un cache. Le gagnant est le premier qui a recouvert son carton. Il doit alors énumérer ses chiffres à haute voix, les autres répétant après lui.

ex :	3	16	2	7	13

2. MOTS ET DESSINS

Divisez le tableau en deux parties et la classe en deux équipes égales A et B. Dans un chapeau, mettez une trentaine de petits cartons sur lesquels sont inscrits des mots contenant les sons [s] et [z].

A votre signal, chaque équipe envoie un de ses membres chercher un carton. Le représentant de l'équipe A par exemple doit communiquer, à son propre groupe, le mot inscrit sur le carton uniquement à l'aide d'un dessin sur le tableau. Dès que le mot est trouvé le représentant de l'équipe A laisse la place à un autre membre de l'équipe A. Le groupe qui a le plus de points dans un laps de temps de dix minutes a gagné.

3. DEVINETTES

Sur les modèles ci-dessous, faites construire des devinettes dont la réponse contient un [s] ou un [z].

ex : Je suis chaude, froide, humide ou sèche. On me divise en quatre.
J'aime Vivaldi et les pizzas. (Rép. : les saisons)

Je suis presque chez tout le monde. On me regarde, parfois trop. Je suis aimée et haïe. Je crée parfois des scènes de ménage.
(Rép. : la télévision)

Chaque élève doit inventer une devinette. Il faut que cela se fasse très rapide ment.

4. FAITS DIVERS

«Hier, sur la Côte d'Azur, une quinzaine de maisons ont été la proie des flammes. La présence d'une base de pompiers dans les environs a permis de maîtriser rapidement le sinistre. On suppose qu'il s'agit d'un attentat : les restes d'une valise imbibée d'essence ont en effet été retrouvés dans les décombres. Un certain malaise plane sur cette affaire qui n'a pas encore été revendiquée. »

Maintenant, faites rechercher des mots contenant les sons [S] ou [z] pouvant appartenir au registre des faits divers :

ex : 1) assassin, arrestation, policier, prison, 2) accident, motocy-clette, blessé, ambulance, 3) célébration, centenaire, musi-cien, célèbre etc.

Faites rédiger une nouvelle puis demandez aux élèves de jouer au présentateur de télévision.

5. LES MOTS CACHÉS

Faites chercher les mots cachés contenant le son [z]. Les mots peuvent se lire dans n'importe quel sens : horizontalement et verticalement, mais aussi diagonalement, de bas en haut et de droite à gauche. Il y en a trente-quatre.

P	U	N	A	I	S	E	S	I	R	E	C
L	D	O	S	E	S	E	T	I	S	E	H
A	S	A	I	S	O	N	Z	U	T	S	A
I	C	I	E	M	A	G	A	S	I	N	I
S	A	R	D	E	S	A	E	U	S	E	S
A	M	I	S	E	I	Z	E	R	O	S	E
N	U	E	S	S	N	U	L	E	S	E	S
T	S	U	E	O	O	R	U	S	E	P	A
E	E	S	C	A	S	E	S	O	R	O	M
R	V	E	I	S	E	O	P	P	O	S	E

solution : aise, amuse, Asie, azur, case, cerise, chaise, dose, gaz, hésite, lèse, magasin, mise, morose, muse, onze, oppose, ose, plaisanter, pèse, pose, punaise, poésie, rieuse, rose, ruse, saison, seize, sésame, use, usure, zéro, zeste, zut.

6. PUBLICITÉS

Faites découper dans les journaux des publicités contenant les sons [s] et [z]. Les élèves s'inspirent de ces publicités et créent la leur, ils choisissent un produit, lui trouvent un nom et un slogan.
Faites faire ce travail en petits groupes et nommez un jury qui sélectionnera les meilleurs montages.

7. LE SALON DE L'INVENTION

Faites chercher des noms d'objets, d'animaux, de fruits ou de légumes contenant [s] ou [z], puis faites inventer des noms composés à partir de ceux que vous connaissez, mots dont vous allez demander la définition ou le mode d'emploi.

> ex · un sèche-cheveux → un sèche-salade (définition : sorte de récipient servant à sécher la salade)
> un presse-purée → un presse-cerises

dont voici le mode d'emploi accompagné d'une recette.

« la cerisade »

Pour obtenir une délicieuse boisson rafraîchissante à base de cerises, soulevez le couvercle de votre presse-cerises, déposez les fruits équeutés au centre, remettez le couvercle et appuyez sur « start ». Les noyaux sont expulsés dans le fond de l'appareil. Placez un récipient pour recueillir le jus que vous sucrerez à volonté. Ajoutez-y un zeste de citron, de l'eau gazeuse et quelques gouttes de whisky Servez sur glaçons. A votre santé !

8. DIALOGUES

— Alors César, tu es satisfait de ton pèse-tabac ?
— Non, il ne sert à rien, c'est une invention sans intérêt.

— Oh, mais vous avez acheté un nouveau système à mesurer la pollution !
— Ne m'en parlez pas, je n'ai pas encore réussi à le poser.

— Dis voir Suzanne, ton allume-gaz à trois vitesses, il fonctionne comment ?
— Je n'en sais rien, il est impossible à utiliser.

9. LETTRE DE RÉCLAMATION

Lausanne, le 25 septembre 87

Monsieur,

A l'instant je reçois par la poste le système d'arrosage solaire que je vous avais commandé sur catalogue, le 15 septembre 1987 et j'ai le regret de vous informer que je ne suis pas satisfait du tout.

Vos indications sont très peu précises et en cherchant à installer le système, je me suis aperçu de certains vices de construction concernant l'assemblage qui ne garantissent aucunement le bon fonctionnement du dispositif.

Dans ces circonstances, il me semble que la meilleure solution est de vous renvoyer l'appareil défectueux. Cependant, il va de soi que cette invention m'intéresse toujours autant et j'attends avec impatience votre nouvel envoi.

Je vous remercie par avance de l'attention que vous porterez à ma réclamation et vous prie de recevoir, Monsieur, mes salutations distinguées.

César Sitron

Questions :

1) Comment expliquez-vous ce système d'arrosage solaire?
   Comment selon vous, fonctionne-t-il?

2) Choisissez un des objets inventés dans l'exercice précédent et écrivez une lettre de réclamation sur le modèle ci-dessus. Puis lisez-la à haute voix.

10. POÈMES

Les vaches

Des secrets dorment dans les herbes.
Les vaches les connaissent bien.
Et, muettes comme les herbes,
Font semblant, les regards au loin,
De ne jamais penser à rien.

Maurice Carême
in *La lanterne magique*
© Fondation Maurice Carême
Bruxelles

Sais-je encore ce que je veux...

Sais-je encore ce que je veux
Depuis si longtemps que je t'aime...
J'entends ton cœur battre en moi-même
Et vois les choses par tes yeux.

Je sens partout dans la maison
Ta tendresse autour de la mienne,
Cette chaude tendresse dont
Frémit aujourd'hui mon poème.

Et aussi loin que je m'engage
Dans l'ombre de mes souvenirs,
Je vois les saisons refleurir
Sous les lignes de ton visage.

Maurice Carême

in *La maison blanche*
© Fondation Maurice Carême,
Bruxelles

La cravate

```
 L A      V A T E
     C R A
        DOU
        LOU
       REUSE
      QUE TU
      PORTES
     ET QUI T'
    ORNE O CI
      VILISÉ
  OTE-    TU VEUX
   LA      BIEN
   SI     RESPI
          RER
```

Guillaume Apollinaire

11

LES CONSONNES

les sons

[ʃ]

[ʒ]

FICHE TECHNIQUE

PORTRAIT

[ʃ]
. tendu
. aigu
. labial

[ʒ]
. relâché
. aigu
. labial

DIAGNOSTIC

Trois cas se présentent :

▷ Cette opposition n'est pas pertinente dans la langue maternelle et le [ʒ] est souvent assimilé à un [ʃ] (ex : les germanophones). Il s'agit dans ce cas de faire diminuer la tension.

▷ Aucun des deux sons n'existent dans la langue maternelle de l'élève (ex : les Grecs qui prononcent [s] au lieu de [ʃ] et [z] au lieu de [ʒ]).
Il s'agit dans ce cas de renforcer la labialité.

▷ [ʒ] peut être assimilé à [dʒ] par les anglophones et donc par certains Indiens à l'initiale des mots français, et [ʃ] à [tʃ] par les hispanophones. Il s'agit, dans ce cas, de faire diminuer la tension.

ACTE DE PAROLE

. Dire ce que l'on veut faire

1. Mettez une croix dans la colonne = si les deux mots prononcés sont identiques et dans la colonne ≠ s'ils sont différents.

	=	≠
chou/joue		X
jaune/jaune	X	
mange/manche		X
chant/gens		X
haché/âgé		X
rejoint/rejoint	X	
jute/chute		X
marche/marge		X

2. Indiquez si vous entendez le son [ʃ] ou le son [ʒ] dans les mots suivants :

	[ʃ]	[ʒ]
rangements		X
arracher	X	
marcher	X	
choisir	X	
venger		X
bêche	X	
engager		X
rugir		X

3. Indiquez si vous entendez le son [ʃ] dans le 1er ou le 2e mot :

	1er	2e
jatte/chatte		X
bêche/beige	X	
joue/chou		X
cage/cache		X
char/jar	X	
gêne/chaîne		X
boucher/bouger	X	
fige/fiche		X

4. Indiquez combien de fois vous entendez le son [ʒ] dans les phrases suivantes :

- J'ai le projet de changer de voiture. (3)
- Je me vengerai de ce joueur d'échec. (3)
- Tu pourrais échanger tous mes bijoux. (2)

LES CONSONNES. 135

//////////////IMAGES//////////////

[ʒ]

Imaginez un nageur qui vient de lutter contre les vagues pour regagner la rive et qui, épuisé, s'effondre sur le sable en gémissant doucement.

[ʃ]

Imaginez le bruit des vagues qui viennent s'échouer sur la plage ou qui se jettent sur les rochers par un jour de tempête.

APPLICATION

Faites répéter les mots suivants en opposition :

cache	cage
manche	mange
bêche	beige
haché	âgé
chant	gens
chaîne	gêne

136

❶ «J'ai envie...»

[ʒ]

Écoutez : Tu vas bouger de là après ce qu'il t'a dit ?
Répondez : Oh oui, j'ai bien envie de bouger de là.

Tu vas te venger de lui après ce qu'il t'a fait ?

Oh oui, j'ai bien envie de me venger de lui.

Tu vas le loger là quelques jours ?

Oh oui, j'ai bien envie de le loger là.

Tu vas nager maintenant ?

Oh oui, j'ai bien envie de nager maintenant.

Alors, c'est sûr, tu vas déménager de là ?

Oh oui, j'ai bien envie de déménager de là.

Tu vas t'arranger quand même avec lui ?

Oh oui, j'ai bien envie de m'arranger avec lui.

Tu vas jouer avec les enfants ?

Oh oui, j'ai bien envie de jouer avec eux.

❷ «Gentil passe-temps»

[ʒ]

Écoutez : Jardiner, ça te plairait ?
Répondez : Oh oui, j'aimerais bien faire un peu de jardinage.

Repasser, tu n'en ferais pas un peu ?

Oh oui, j'aimerais bien faire un peu de repassage.

Raccommoder, ça te dirait ?

Oh oui, j'aimerais bien faire un peu de raccommodage.

Nettoyer, ça t'amuse ?

Oh oui, j'aimerais bien faire un peu de nettoyage.

Et bricoler, ça te plairait ?

Oh oui, j'aimerais bien faire un peu de bricolage.

Patiner, c'est bien, non ?

Oh oui, j'aimerais bien faire un peu de patinage.

Tu ne veux pas découper des bonshommes ?

Oh oui, j'aimerais bien faire un peu de découpage.

❸ «Chaque chose en son temps»

[ʃ]

Écoutez : Tu chanteras un jour ?
Répondez : Je compte bien chanter, mais plus tard.

Tu chercheras les photos ?

Je compte bien les chercher, mais plus tard.

Tu achèteras la viande ?

Je compte bien l'acheter, mais plus tard.

Tu réfléchiras à ma proposition ?

Je compte bien y réfléchir, mais plus tard.

Tu coucheras la petite ?

Je compte bien la coucher, mais plus tard.

Tu iras marcher en forêt ?

Je compte bien y aller, mais plus tard.

N'oublie pas de déboucher le vin.

Je compte bien le déboucher, mais plus tard.

4 « A chacun son rôle »

[ʃ]

Écoutez : C'est toi qui vas chercher Charles ?
Répondez : Ah oui, je tiens à aller le chercher moi-même.

C'est toi qui épluches les légumes ?	Ah oui, je tiens à les éplucher moi-même.
C'est toi qui vas pêcher le poisson ?	Ah oui, je tiens à le pêcher moi-même.
C'est toi qui vas retoucher ta robe ?	Ah oui, je tiens à la retoucher moi-même.
C'est toi qui vas acheminer la correspondance ?	Ah oui, je tiens à l'acheminer moi-même.
C'est toi qui vas décrocher le miroir ?	Ah oui, je tiens à le décrocher moi-même.
C'est toi qui vas achever ce travail ?	Ah oui, je tiens à l'achever moi-même.

5 « Charmants projets »

[ʒ]/[ʃ]

Écoutez : Tu crois qu'il faudrait marchander ces bijoux ?
Répondez : Ces bijoux ? Mais j'ai bien l'intention de les marchander !

Tu crois qu'il faudrait échaffauder ce projet maintenant ?	Ce projet ? Mais j'ai bien l'intention de l'échaffauder !
Tu crois qu'on va vraiment jouer aux charades ?	Aux charades ? Mais j'ai bien l'intention d'y jouer.
Tu crois vraiment qu'il faut cacher l'argenterie ?	L'argenterie ? Mais j'ai bien l'intention de la cacher !
Tu crois qu'il faut décharger la voiture maintenant ?	La voiture ? Mais j'ai bien l'intention de la décharger !
Tu crois qu'il faut changer l'argent maintenant ?	L'argent ? Mais j'ai bien l'intention de le changer !
Vous croyez que c'est le moment d'échanger nos marchandises ?	Nos marchandises ? Mais j'ai bien l'intention de les échanger !

138

1. Écoutez la phrase suivante et soulignez les lettres qui correspondent au son [ʃ].

Il sait utiliser son charme quand il veut échaffauder des plans ou marchander quelque chose.

Comment s'écrit le son [ʃ] ici ?

2. Écoutez les phrases suivantes et soulignez la lettre qui correspond au son [ʒ].

Je vais changer cette jupe beige, le tissu est trop rigide.
Il faut toujours qu'il juge les gens sur leur mine.

Comment s'écrit le son [ʒ] ici ?

3. Remplacez les blancs par les lettres « ch » ou « g » selon ce que vous entendez.

Il a__it __aque fois sans réflé__ir et avec beaucoup de sans-__ène. Si on veut l'obli__er à __an__er, il se dé__aîne, ru__it comme un lion en ca__e et __oisit de prendre un air ven__eur.

R : Il agit chaque fois sans réfléchir et avec beaucoup de sans-gêne. Si on veut l'obliger à changer, il se déchaîne, rugit comme un lion en cage et choisit de prendre un air vengeur.

4. Remplacez les blancs par les lettres « ch » ou « j » selon ce que vous entendez.

Si __e ne peux pas vous __oindre au téléphone, __e __oisirai moi-même les __umelles que vous __er__iez.
Vous pouvez a__outer ma __aîne en or __aune et ma bro__e en __ade aux bi__oux que __e veux é__anger.

R : Si je ne peux pas vous joindre au téléphone, je choisirai moi-même les jumelles que vous cherchiez. Vous pouvez ajouter ma chaîne en or et ma broche en jade aux bijoux que je veux échanger.

On ne peut ménager la chèvre et le chou

1. LES COUPLES

A l'aide des mots suivants, demandez aux élèves de former des phrases où doivent figurer les deux membres de la paire :

chatte	chant	chou	chaîne	cache
jatte	gens	joue	gêne	cage

manche	bêche	marche	hâché
mange	beige	marge	âgé

ex : Jean a caché la cage de la mésange.

2. JUSQU'A CE QUE...

Écrivez au tableau les verbes suivants :

réfléchir	acheter	voyager	chercher
chanter	ajouter	manger	agir
changer	choisir	partager	savoir

Puis, divisez la classe en deux équipes. Alternativement, les membres de chacune des deux équipes doivent former rapidement et oralement des phrases contenant «jusqu'à ce que» et l'un des verbes de la liste, si possible en suivant.

ex : je ne quitterai pas cette chambre jusqu'à ce que tu aies réfléchi.

3. LE JEU DE KIM

Préparez avant le jeu une série d'objets (15 à 20) dont le nom contient chacun un [ʃ] ou un [z]. Ces objets sont rassemblés sur une table et sont énumérés à haute voix par vous ou un élève qui les écrit au tableau (facultatif).

Puis, il efface les mots. Les élèves ont ensuite quelques minutes pour mémoriser les objets ainsi exposés. Vous les recouvrez ensuite d'une pièce de tissu ou vous les faites disparaître. Les élèves doivent énumérer, sur une feuille de papier, les objets dont ils se souviennent. L'élève qui a la liste la plus longue a gagné.

4. LES AMBASSADEURS

Établissez une liste d'une dizaine de mots contenant un [ʃ] ou un [z]. La classe se divise en deux groupes et chaque équipe envoie, au signal donné, un ambassadeur qui vient prendre connaissance du 1er mot de la liste (le même pour les deux ambassadeurs) qu'il devra faire deviner à son équipe uniquement en le mimant.
Dès que l'équipe a trouvé le mot (le plus silencieusement possible pour ne pas le révéler à l'équipe adverse) elle envoie un 2e ambassadeur qui devra mimer le 2e mot de la liste, etc. La première équipe qui a deviné tous les mots de la liste gagne le jeu. Les mots sont repris et répétés tous ensemble. Ils peuvent également être placés dans des phrases ou utilisés dans la fabrication d'une histoire.

5. L'ÉCRIVAIN

Dans un sac ou une boîte se trouvent mélangés une multitude de petits papiers sur lesquels sont inscrits des mots (substantifs, verbes, adjectifs, adverbes) contenant un [ʃ] ou un [z] ou les deux, un mot par papier. Au hasard vous en tirez trois et vous appelez un élève qui doit former une phrase avec ces trois mots.

> *ex :* chameau, jaune, broche.
> *Rép. :* Julie s'est acheté une broche jaune en forme de chameau.

6. « DIRE CE QUE L'ON VEUT FAIRE »

Demandez à vos élèves ce qu'ils veulent faire tout à l'heure. Ils doivent compléter les énoncés de la première colonne à l'aide d'un verbe de la deuxième colonne, auquel vous faites ajouter un complément.

A.	B.
Je voudrais...	réfléchir...
J'aimerais...	chanter...
J'ai l'intention...	acheter...
Je pense...	chercher...
Je compte bien...	choisir...
J'ai envie de...	échanger...
J'envisage de...	loger...
Je songe à...	manger...
J'espère...	nager...

> *ex :* J'envisage d'acheter un chien.

7. DIALOGUES

Campagne électorale

— Monsieur Chalon, que pensez-vous faire pour protéger nos champs et nos pâturages contre les pluies acides ?
— Et bien et bien, j'envisage de réunir nos chimistes les plus chevronnés pour rechercher ensemble une solution à ce problème fâcheux !

— Alors Monsieur Duchemin, comment allez-vous lutter contre le racisme chez les jeunes ?
— J'aimerais bien y arriver un jour en leur prêchant, si je puis dire, la tolérance et la charité dès le plus jeune âge.

— Alors général Bichon, seriez-vous prêt à utiliser l'énergie solaire pour le chauffage de vos bâtiments ?
— Vous n'y songez pas ! J'ai l'intention d'installer prochainement un système de chauffage par énergie nucléaire.

Demandez à vos élèves de poursuivre cette campagne électorale : un journaliste, un candidat. Chaque couple doit amener une question et une réponse, sans oublier les sons étudiés !

Les projets de Jeanne Chala

Le présentateur	: Et voici notre plus jeune chanteuse : Jeanne Chala (applaudissements). Jeanne Chala que nous avons la joie d'accueillir aujourd'hui, dans ce show. Alors Jeanne, quels sont vos projets ?
Jeanne Chala	: Tout d'abord, je compte me rendre au Japon pour une série d'enregistrements. Je songe ensuite à voyager quelques temps, juste pour le plaisir. Et puis, j'ai également l'intention de changer quelques morceaux. J'aimerais choisir des succès étrangers. J'ai aussi envie de m'acheter une maison, je pense prendre quinze jours pour ça ! Voilà !
Le présentateur	: Merci Jeanne. J'espère vous revoir bientôt et je vous souhaite un bon voyage au Japon.
Jeanne Chala	: Merci ! Merci beaucoup ! Mais avant de vous quitter, je tiens à vous chanter une dernière chanson.

8. POÈME

Le temps l'horloge
L'autre jour j'écoutais le temps
qui passait dans l'horloge.
Chaînes, battants et rouages
il faisait plus de bruit que cent
au clocher du village
et mon âme en était contente.

J'aime mieux le temps s'il se montre
que s'il passe en nous sans bruit
comme un voleur dans la nuit.

Jean Tardieu

extrait de « Plaisanteries » in *L'accent grave l'accent aigu*
© Éditions Gallimard

LES CONSONNES

les sons

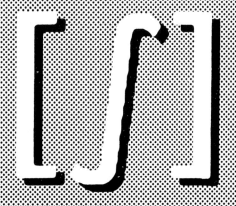

FICHE TECHNIQUE

PORTRAIT

[s]
.non labial
.aigu
.tendu

[ʃ]
.labial
.aigu
.tendu

DIAGNOSTIC

L'un des deux sons n'existe pas dans la langue maternelle de l'élève (*ex :* le [ʃ] pour les Grecs). Il faudra donc renforcer la labialité. Dans les *gammes*, on ne trouvera que des exercices sur le [ʃ] et des exercices avec les deux sons en opposition.

ACTE DE PAROLE

.exprimer un souhait

ÉCOUTE

I. Mettez une croix dans la colonne = si les deux mots prononcés sont identiques ou dans la colonne ≠ s'ils sont différents.

	=	≠
châle/sale		X
hachis/assis		X
mars/marche		X
achat/achat	X	
brossé/broché		X
saveur/saveur	X	
cassé/caché		X
mouche/mousse		X

2. Indiquez si vous entendez le son [s] ou le son [ʃ] dans les mots suivants :

	[s]	[ʃ]
acharné		X
tâche		X
achalandé		X
assoupi	X	
ruche		X
reçoit	X	
coucher		X
tassé	X	

3. Combien de fois entendez-vous le son [ʃ] dans les phrases suivantes ?

- Il cherche son chandail. (3)
- Je voudrais bien déchiffrer ce parchemin. (2)
- Dimanche prochain, j'irai marcher. (3)

4. Combien de fois entendez-vous le son [s] dans les phrases suivantes ?

- Il sait cacher ses sentiments. (3)
- Il reçoit sur simple appel. (3)
- Il est assuré de garder sa place. (3)

LES CONSONNES. 145

[s]
Imaginez un serpent tendu qui se dresse et qui siffle de colère

[ʃ]
... parce qu'il a reçu des seaux d'eau.

[ʃ]
Vous pouvez aussi imaginer la mer. Regardez comment le mouvement porte les vagues vers l'avant, toutes ces vagues qui viennent s'échouer sur la plage. Laissez-vous porter! Imitez le bruit des vagues (lèvres projetées en avant) qui avancent successivement.

APPLICATION

Faites répéter les mots suivants :

sou	chou
tasse	tache
mousse	mouche
serre	cher
sale	châle
brosse	broche
casse	cache
assis	hachis
ça	chat
Sèvres	chèvre
sot	chaud

Vous pouvez également diviser la classe en deux groupes : le groupe des [ʃ] et le groupe des [s]. Les paires sont lues à haute voix : tantôt le groupe [ʃ] tantôt le groupe [s]. Puis on change. Veillez à ce que le groupe [ʃ] exagère la labialité.

////////////GAMMES////////////

❶ « Même chose »

[ʃ]

Écoutez : Mon châle lui plaît, tu crois ?
Répondez : Et comment, elle voudrait le même châle que toi!

Mon chandail lui plaît, tu crois ?

Et comment, elle voudrait le même chandail que toi!

Mon pull cachemire lui plaît, tu crois ?

Et comment, elle voudrait le même pull cachemire que toi!

Mon écharpe lui plaît, tu crois ?

Et comment, elle voudrait la même écharpe que toi!

Mon chapeau lui plaît, tu crois ?

Et comment, elle voudrait le même chapeau que toi!

Mon short lui plaît, tu crois ?

Et comment, elle voudrait le même short que toi?

Ma broche lui plaît, tu crois ?

Et comment, elle voudrait la même broche que toi!

❷ « Chouette alors »

[ʃ]

Écoutez : Dis donc, il vient Charles ?
Répondez : Oh oui, pourvu que Charles vienne!

Dis donc, il part Michel ?

Oh oui, pourvu que Michel parte!

Dis donc, elle y va Charlotte ?

Oh oui, pourvu que Charlotte y aille!

Dis donc, il revient Achille ?

Oh oui, pourvu qu'Achille revienne!

Dis donc, elle téléphone Chantal ?

Oh oui, pourvu que Chantal téléphone!

Dis donc, elle prend sa voiture Natacha ?

Oh oui, pourvu que Natacha la prenne!

Dis donc, il va écrire Richard ?

Oh oui, pourvu que Richard écrive!

❸ « Douce chimère »

[s]/[ʃ]

Ecoutez : La douche ne marche pas hein ?
Répondez : Ah si seulement la douche marchait!

Le chocolat est trop cher hein ?

Ah si seulement le chocolat était moins cher!

La chambre n'est pas assez fraîche hein ?

Ah si seulement la chambre était plus fraîche!

LES CONSONNES. 147

L'écharpe de tante Adèle se chiffonne hein ?	Ah si seulement cette écharpe ne se chiffonnait pas !
Tes cheveux fourchent hein ?	Ah si seulement mes cheveux ne four-chaient pas !
La cheminée ne chauffe pas assez hein ?	Ah si seulement la cheminée chauffait plus !
Le chien ne chasse pas hein ?	Ah si seulement le chien chassait !*

* N.B. : Courage, même les francophones ont de la difficulté à prononcer cela !

4 « Espoirs chéris »

[s]/[ʃ]

Écoutez : Il l'a déjà chanté ?
Répondez : Non, mais il espère pouvoir le chanter sous peu.

Il a déjà changé sa voiture ?	Non, mais il espère pouvoir la changer sous peu.
Il a déjà acheminé le courrier ?	Non, mais il espère pouvoir l'acheminer sous peu.
Il a déjà épluché les petites annonces ?	Non, mais il espère pouvoir les éplucher sous peu.
Il a déjà fait marcher son ordinateur ?	Non, mais il espère pouvoir le faire mar-cher sous peu.
Il a déjà achevé son livre ?	Non, mais il espère pouvoir l'achever sous peu.
Il est difficile ce texte ?	Non, mais il espère pouvoir le déchiffrer sous peu.

//////////////////ÉCRITURE//////////////

I. Écoutez les phrases suivantes et soulignez les lettres qui correspondent au son [ʃ] :

Il s'acharne à cacher son chéquier et chaque fois il met des jours à le rechercher.
Il m'a acheté une broche très chouette.

Comment s'écrit le son [ʃ] ici ?

2. Écoutez les phrases suivantes et soulignez la ou les lettres qui correspon-dent au son [s].

Je suis stupide d'avoir cassé la superbe tasse qui me vient de ma sœur.
J'espère qu'elle ne sera pas trop triste.

Comment s'écrit le son [s] ici ?

3. Remplacez les blancs par les lettres « ch » ou « ss » selon ce que vous entendez.

> Il voudrait trouver un __âlet avec une __eminée car il aime par de__us tout pa__er les diman__es d'hiver, a__is au coin du feu, pour se ré__auffer des mar__es dans les __emins __ampêtres.

> R : Il voudrait trouver un châlet avec une cheminée car il aime par dessus tout passer les dimanches d'hiver, assis au coin du feu, pour se réchauffer des marches dans les chemins champêtres.

4. Remplacez les blancs par les lettres « ch » ou « s » selon ce que vous entendez.

> Il __ouhaite a__ever __on manu__crit avant de le __oumettre à l'éditeur.
> Il prend __a tâ__e au __érieux, il __ort de __ez lui __eulement pour faire les a__ats indi__pen__ables.

> R : Il souhaite achever son manuscrit avant de le soumettre à l'éditeur.
> Il prend sa tâche au sérieux, il sort de chez lui seulement pour faire les achats indispensables.

///////////RÉCRÉATION///////////

Un chasseur sachant chasser sans son chien...

I. LA MACHINE S'EMBALLE

Les élèves imaginent une machine qui produirait en fonctionnant des bruits tels que [ʃ] ou [s]. La classe se divise en deux groupes. Le groupe [ʃ] se met d'accord sur un rythme et un geste.

Le groupe [s] fait de même. Chaque groupe a un meneur qui donne le signal de départ, ordonne l'accélération, l'arrêt, fait augmenter le volume ou le diminue. Les deux groupes se produisent en même temps, debout, au centre de la classe.

Le bruit ne sera pas très fort, puisqu'il s'agit de consonnes tendues (sourdes).

Variante : ce jeu peut se faire avec tous les sons du français.

Un premier élève se lève, va au centre, produit un son sur un certain rythme qu'il accompagne d'un geste.

Un deuxième élève invente un autre geste qu'il accompagne d'un autre son émis sur un rythme différent. Progressivement, les élèves construisent la machine en s'y insérant tels des rouages nécessaires. Mais, cette fois, le bruit risque d'être plus important !

2. A LA RECHERCHE DE L'ADJECTIF

Composez deux équipes, puis donnez oralement les substantifs suivants :

saveur	sucre	chant
cherté	souplesse	sel
acharnement	chatouille	simplicité
chauffage	charme	solidité

Les élèves doivent répondre par l'adjectif correspondant. Celui qui l'a trouvé en premier fait marquer un point à son équipe.

> *ex :* chaleur → chaleureux, chaud.

Puis faites composer de courtes phrases à l'aide des adjectifs trouvés :

> *ex :* J'ai envie d'une boisson chaude.
> Ces pièces sont bien chauffées.

3. HISTOIRES

Voici des mots (vous pouvez en donner d'autres), à l'aide desquels vous allez faire inventer un poème ou une petite histoire :

chemin

sur

chaleur

ce

sec

sinueux

cheminer

4. MARIAGE

Vos élèves connaissent-ils la femelle :

> du chien ?   du chat ?
> du chameau ?   du cerf ?
> du bouc ?   du taureau ?

et le mâle :

> de la jument ?
> de la truie ?
> de la guenon ?

Variante : jeu de cartes.

Si vous savez très bien dessiner ou si vous avez un artiste dans la classe, reproduisez ces animaux sur des cartes (ajoutez-y aussi des professions, comme chanteur/chanteuse, acheteur/acheteuse, etc.). Le but consiste à former des paires sur le mode du jeu des familles.

5. DIALOGUES

— J'espère le rencontrer prochainement !
— Qui ça ?
— Ben voyons, le prince charmant !

— Tout ce que je souhaite, tu vois, c'est une chouette petite maison au beau milieu des champs.
— Avec cinq vaches et six cochons, comme c'est charmant !

— Ben alors Charlotte, qu'est-ce qui se passe ?
— Ah si tu savais !
— Si je savais quoi ?
— Ah si seulement !
— Mais si seulement quoi ?
— Si seulement Sadona venait chanter à Chermignon !
— A Chermignon-dessus ou Chermignon-dessous ?

— Si on passait chez Chantal, j'ai envie de la revoir !
— Tu sais, elle va se marier !
— Quoi, tu en es certain ?
— Que veux-tu, qui va à la chasse perd sa place !

— J'espère que ça va marcher !
— Quoi, la dissertation sur Chateaubriand ?
— Mais non, le concert rock de dimanche soir !

Chez Sam

Simon	: Ah si seulement ça pouvait marcher !
Charles	: Quoi donc ?
Simon	: Ben, le boulot ! Ça fait six mois que je cherche. Chaque jour, j'achète « La Tribune du Soir » et puis...
Charles	: T'épluches toutes les petites annonces ?
Simon	: Ah ça oui ! Mais là, tu vois, ça a l'air chouette, bon salaire et tout, je voudrais bien l'avoir.
Charles	: J'espère que tu le décrocheras.
Simon	: Tout ce que je souhaite, c'est de sortir de cette situation le plus vite possible Chômeur à cinquante ans, je t'assure, c'est la poisse
Charles	: Et oui, pourvu que ça marche. A ta santé Simon et bonne chance.
Simon	: Santé Charles !

6. POÈMES

Le dromadaire

Si j'avais deux bosses au dos
m'a confié un vieux dromadaire
aussi sobre que lapidaire
on me traiterait de chameau

Bernard Lorraine
Extrait de « La ménagerie de Noël »
in *Enfance heureuse*
© Éditions Ouvrières

Le chameau

Un chameau entra dans un sauna.
  Il eut chaud,
  Très chaud,
  Trop chaud.

  Il sua,
  Sua,
  Sua.

  Une bosse s'usa,
  S'usa,
  S'usa.

L'autre bosse ne s'usa pas.

Que crois-tu qu'il arriva ?

Le chameau dans le désert
Se retrouva dromadaire.

Pierre Coran
in *La tête en fleur*
© Le Cyclope

13

LES CONSONNES

les sons

[z]

[ʒ]

FICHE TECHNIQUE

PORTRAIT

[z]
. non labial
. relâché
. aigu

[ʒ]
. labial
. relâché
. aigu

DIAGNOSTIC

L'un des deux sons n'existe pas dans la langue maternelle de l'élève (*ex : le* [ʒ] pour les grecs).
Il faudra donc renforcer la labialité pour obtenir [ʒ].

Dans les gammes, on ne trouvera que des exercices sur [ʒ] et un exercice avec les deux sons en opposition.

ACTE DE PAROLE

. présenter, se présenter

ÉCOUTE

I. Mettez une croix dans la colonne = si les deux mots prononcés sont identiques et dans la colonne ≠ s'ils sont différents

	=	≠
cage/case		X
zèle/gèle		X
agile/agile	X	
jute/zut		X
âgé/âgé	X	
rase/rage		X
hasard/hasard	X	
jaune/zone		X

2. Indiquez si vous entendez le son [z] ou le son [ʒ] dans les mots suivants :

	[z]	[ʒ]
avantage		X
voisin	X	
luge		X
bougie		X
plaisant	X	
orangé		X
phrase	X	
gémir		X

3. Indiquez combien de fois vous entendez le son [z] dans les phrases suivantes :

- Il nous a présenté tous ces amis. (3)
- Il est d'usage de faire des présentations lorsqu'on met des amis en présence. (4)

4. Indiquez combien de fois vous entendez le son [ʒ] dans les phrases suivantes :

- Ce sont des gens qui logent au même étage. (3)
- Julie aime faire l'éloge de l'argent. (3)

[z]

« zzzzzzzzzzz... » fait l'abeille qui s'est égarée dans votre chambre.

[ʒ]

« ʒʒʒʒʒʒʒʒ... » vrombit votre chasse-abeilles électrique muni d'un embout prêt à avaler l'insecte. Vous êtes l'appareil, vos bras tendus en avant et vos mains forment l'embout. Pourchassez l'abeille qui vous empêche d'étudier ou de lire !

APPLICATION

Faites répéter les mots suivants :

rase	rage
asile	agile
zone	jaune
zèle	gèle

//////////////.GAMMES //////////////

❶ « Julie, Benjamin, Jérôme et les autres... »

[ʒ]
Écoutez : Je vous présente Julie.
Répondez : Bonjour Julie.

Je vous présente Benjamin.
Je vous présente Jérôme.
Je vous présente Germain.
Je vous présente Gilbert.
Je vous présente Jean-Baptiste.
Je vous présente Jacqueline.

Bonjour Benjamin.
Bonjour Jérôme.
Bonjour Germain.
Bonjour Gilbert.
Bonjour Jean-Baptiste.
Bonjour Jacqueline.

❷ « Quelle joie ! »

[ʒ]
Écoutez : Voici quelqu'un qui nous arrive de Belgique.
Répondez : Ah, ravi de rencontrer un Belge.

Voici quelqu'un qui nous arrive du Nigéria.
Voici quelqu'un qui nous arrive d'Argentine.
Voici quelqu'un qui nous arrive de Norvège.

Voici quelqu'un qui nous arrive d'Algérie.
Voici quelqu'un qui nous arrive du Japon.
Voici quelqu'un qui nous arrive d'Égypte.

Ah, ravi de rencontrer un Nigérian.
Ah, ravi de rencontrer un Argentin.
Ah, ravi de rencontrer un Norvégien.
Ah, ravi de rencontrer un Algérien.
Ah, ravi de rencontrer un Japonais.
Ah, ravi de rencontrer un Égyptien.

❸ « Plaisir partagé »

[z]/[ʒ]
Écoutez : Jacques, enchanté de vous connaître.
Répondez : Mais tout le plaisir est pour moi, Jacques.

Grosjean, enchanté de vous connaître.

Jeanne, enchantée de vous connaître.
Gérard, enchanté de vous connaître.
Rose Gerbert, enchantée de vous connaître.
Janine, enchantée de vous connaître.
Casimir Mangin, enchanté de vous connaître.

Mais tout le plaisir est pour moi, Monsieur Grosjean.
Mais tout le plaisir est pour moi, Jeanne.
Mais tout le plaisir est pour moi, Gérard.
Mais tout le plaisir est pour moi, Mademoiselle Gerbert.
Mais tout le plaisir est pour moi, Janine.
Mais tout le plaisir est pour moi, Monsieur Mangin.

LES CONSONNES. 157

///////////////////ÉCRITURE///////////////

I. Écoutez les phrases suivantes et soulignez la lettre qui correspond au son **[z]**.

Il utilise les plaisanteries de son voisin.

Ses positions ne sont pas prises au hasard.

Comment s'écrit le son **[z]** ici ?

2. Écoutez les phrases suivantes et soulignez les lettres qui correspondent au son **[ʒ]**.

Le singe est un animal agile qui aime se réfugier dans les arbres.

Je vous présente le benjamin de la famille : c'est un jeune garçon qui vit en Égypte.

Comment s'écrit le son **[ʒ]** ?

3. Remplacez les blancs par les lettres « s » ou « g » selon ce que vous entendez.

Voilà mon cou__in __ermain qui est de passa__e à __enève et qui a eu la __entillesse de nous faire l'honneur de sa pré__ence.

R : Voilà mon cousin germain qui est de passage à Genève et qui a eu la gentillesse de nous faire l'honneur de sa présence.

4. Remplacez les blancs par les lettres « s » ou « j » selon ce que vous entendez.

__acqueline a fait un sé__our au __apon. Elle m'a fait le plai__ir de me rapporter un pré__ent : une __upe __aune qu'elle a __oint à un très __oli chemi__ier ro__e framboi__e.

R : Jacqueline a fait un séjour au Japon. Elle m'a fait le plaisir de me rapporter un présent : une jupe jaune qu'elle a joint à un très joli chemisier rose framboise.

//////////////RÉCRÉATION//////////////

Bonjour ma cousine Bonjour mon cousin Germain

I. LES PAIRES

Soit les paires suivantes :

jaune	j'ai bu	gèle	geste	gigue
zone	zébu	zèle	zeste	zigue

	geint	jute	agile	cage	rage
	zinc	zut	asile	case	rase

Après avoir expliqué les mots inconnus et fait répéter les paires, demandez aux élèves de composer oralement des phrases contenant au moins deux des mots ci-dessus.

> *ex :* au zoo de Genève, j'ai vu un zébu qui mangeait des oranges dans sa cage.

2. DEVINETTES

Formez deux équipes et demandez aux élèves de choisir trois noms contenant un [ʒ]
- de pays, villes ou îles (*ex :* Égypte, Jérusalem, Java)
- de couleur (*ex :* orange, jaune, rouge)
- d'animaux (*ex :* girafe, jaguar, singe)
- d'objets (*ex :* bougie, luge, cage)

Chaque équipe doit faire deviner à l'autre les mots de sa liste, au moyen de questions bien précises.

> *ex :* animal au long cou (la girafe)

3. DIALOGUES

— Il me semble que je vous ai déjà vu quelque part.
— Vous plaisantez, j'espère! Mais nous sommes voisins, nous habitons le même étage!
— Excusez-moi, je ne suis pas très physionomiste!

— Mademoiselle Julie, permettez-moi de vous présenter mon cousin Jacques!
— Bonjour Jacques, je suis heureuse de vous connaître.
— Tout le plaisir est pour moi Mademoiselle Julie.

— Bonjour! Je m'appelle Justin.
— Salut, moi c'est Zoé
— T'as de beaux yeux, tu sais!

— Messieurs, j'ai le plaisir de vous présenter ce soir notre nouveau trésorier Monsieur Jean Germanier!

— (avec l'accent genevois) : J'ose me présenter : Gérard Zuber!
— Mais osez, osez. Dites-moi, vous habitez Genève, vous?
— Vous avez deviné comment?

Voix d'enfants :

— Bonjour, c'est quoi ton nom?
— Jonas et toi, tu t'appelles comment?
— Julien. J'ai onze ans et toi?
— Moi, j'ai dix ans. On va jouer?
— Ouais!!!

4. PRÉSENTATIONS À RALLONGES

Et maintenant, demandez aux élèves de se présenter les uns aux autres, de la manière suivante :

Ier élève	: J'aimerais me présenter, je m'appelle A.
2e élève	: J'aimerais me présenter, je m'appelle B. et j'ai... ans
3e élève	: J'aimerais me présenter, je m'appelle C. j'ai... ans et j'habite...
4e élève	: J'aimerais me présenter, je m'appelle D. j'ai... ans, j'habite à... et j'aime...
5e élève	: J'aimerais me présenter, etc. j'aime... et je n'aime pas..
6e élève	: J'aimerais me présenter, etc. j'aime... et je n'aime pas... j'étudie..

etc.

Amenez les élèves à rajouter chaque fois une information supplémentaire, contenant un [z] ou un [ʒ] puis faites-les écrire et jouer de petits dialogues comme ci-dessus.

5. *« Comme c'est bizarre, comme c'est étrange »* *

M. Martin	:	Mes excuses, Madame, mais il me semble, si je ne me trompe, que je vous ai déjà rencontrée quelque part.
Mme Martin	:	A moi aussi, Monsieur, il me semble que je vous ai déjà rencontré quelque part. [...]
M. Martin	:	Depuis que je suis arrivé à Londres, j'habite rue Bromfield, chère Madame.
Mme Martin	:	Comme c'est curieux, comme c'est bizarre! moi aussi, depuis mon arrivée à Londres j'habite rue Bromfield, cher Monsieur. [...]
M. Martin	:	Je demeure au n° 19, chère Madame.
Mme Martin	:	Comme c'est curieux, moi aussi j'habite au n° 19, cher Monsieur.
M. Martin	:	Mais alors, mais alors, mais alors, mais alors, mais alors, nous nous sommes peut-être vus dans cette maison, chère Madame ?
Mme Martin	:	C'est bien possible, mais je ne m'en souviens pas, cher Monsieur.
M. Martin	:	Mon appartement est au cinquième étage, c'est le n° 8, chère Madame.
Mme Martin	:	Comme c'est curieux, mon Dieu, comme c'est bizarre! et quelle coïncidence! moi aussi j'habite au cinquième étage, dans l'appartement n° 8, cher Monsieur!
M. Martin *(songeur)*	:	Comme c'est curieux, comme c'est curieux, comme c'est curieux et quelle coïncidence! vous savez, dans ma chambre à coucher j'ai un lit. Mon lit est couvert d'un édredon vert. Cette chambre, avec ce lit et son édredon vert, se trouve au fond du corridor, entre les water et la bibliothèque, chère Madame!
Mme Martin	:	Quelle coïncidence, ah mon Dieu, quelle coïncidence! Ma chambre à coucher a, elle aussi, un lit avec un édredon vert et se trouve au fond du corridor, entre les water, cher Monsieur, et la bibliothèque!
M. Martin	:	Comme c'est bizarre, curieux, étrange! alors, Madame, nous habitons dans la même chambre et nous dormons dans le même lit, chère Madame. C'est peut-être là que nous nous sommes rencontrés!
Mme Martin	:	Comme c'est curieux et quelle coïncidence! C'est bien possible que nous nous y soyons rencontrés, et peut-être même la nuit dernière! Mais je ne m'en souviens pas, cher Monsieur! [...]
M. Martin	:	Alors, chère Madame, je crois qu'il n'y a pas de doute, nous nous sommes déjà vus et vous êtes ma propre épouse... Élisabeth, je t'ai retrouvée!
Mme Martin	:	Donald, c'est toi, darling!

---

* Extraits de *« la Cantatrice chauve »* de Ionesco, scène I, éd. Folio.
© Éditions Gallimard

6. POÈME

La nuit de janvier

Quand Monsieur Pélican, lassé d'un long voyage,
Dans les brouillards du soir retourne à Palaiseau,
Il range son auto dans le fond du garage,
Il embrasse Madame (Oh! t'as froid le museau!),
Ses petits affamés de yéyé, leur passion,
Puis se jette devant sa té-lé-vi-si-on.

Éditions le Terrain vague
© Bernard Lorraine

14

LES CONSONNES

les sons

[k]

[g]

FICHE TECHNIQUE

PORTRAIT

[k]
. tendu
. neutre
. non labial

[g]
. relâché
. neutre
. non labial

DIAGNOSTIC

Le problème réside dans l'appréhension des phénomènes de *tension et de relâchement.*
Il est nécessaire de sensibiliser les élèves aux variations de l'effort musculaire afin de bien marquer l'opposition tendu/relâché (ou sourd/sonore) et permettre une production différenciée de ces deux sons.
Il convient de travailler plus particulièrement le relâchement par exemple avec des élèves chinois et avec les germanophones dans certains cas.

La production d'une aspiration lors de l'émission du [k] chez les anglophones et certains germanophones provient d'une tension trop importante.

ACTE DE PAROLE

. demander et donner des renseignements pratiques

I. Mettez une croix dans la colonne = si les deux mots prononcés sont identiques ou dans la colonne ≠ s'ils sont différents.

	=	≠
quai/gai		X
bègue/bec		X
écu/aigu		X
bague/bac		X
paquet/paquet	X	
carré/garer		X
goûter/goûter	X	
ongle/ongle	X	

2. Indiquez si vous entendez le son [k] ou le son [g] dans les mots suivants :

	[k]	[g]
pagaie		X
encart	X	
carré	X	
coûter	X	
clé	X	
ragoût		X
déclamer	X	
glisser		X

3. Indiquez combien de fois vous entendez le son [k] dans les phrases suivantes :

- Quelle course a-t-il acclamée ? (3)
- Combien de paquets a-t-il recouverts ? (3)
- Quand lui a-t-il fait un cadeau ? (2)

4. Indiquez combien de fois vous entendez le son [g] dans les phrases suivantes :

- C'est un gros gâteau pour les gourmands. (3)
- Il a goûté le gigot aux haricots. (2)
- Ma bague a glissé de la poche de ma gabardine. (3)

////////////////////IMAGES////////////////////

[k]

Écoutez les battements de votre cœur qui s'emballe lorsqu'il est ému !

[g]

et la goutte d'eau qui tombe lentement et régulièrement d'un robinet mal fermé, vous empêchant de dormir.

APPLICATION

Faire répéter les mots suivants :

car	gare	garer	carré
quai	gai	glace	classe
coûte	goutte	gant	quand

//////////////////GAMMES/////////////

1 « Connaissances »

[k]

Écoutez : Il faut de la farine.
Répondez : Oui, mais sais-tu au juste combien ?

Il part bientôt.   Oui, mais sais-tu au juste quand ?
Il déménage dans quelques jours   Oui, mais sais-tu au juste quand ?

Il voyagera en train ou en voiture.	Oui, mais sais-tu au juste comment?
Il se passe des choses bizarres.	Oui, mais sais-tu au juste quoi?
Il veut beaucoup de choses.	Oui, mais sais-tu au juste quoi?
Il a invité plein de monde.	Oui, mais sais-tu au juste qui?

❷ « Questions de choix »

[k] *Écoutez :* J'aurais besoin d'un costume.
Répondez : Oui, mais quel costume choisir?

J'aurais besoin d'une couverture.	Oui, mais quelle couverture choisir?
J'aurais besoin d'un canapé.	Oui, mais quel canapé choisir?
J'aurais besoin d'un carton.	Oui, mais quel carton choisir?
J'aurais besoin d'un calendrier.	Oui, mais quel calendrier choisir?
J'aurais besoin d'une cafetière.	Oui, mais quelle cafetière choisir?
J'aurais besoin d'une casquette.	Oui, mais quelle casquette choisir?

❸ « Engagements »

[g] *Écoutez :* Vous m'avez dit un guide?
Répondez : Oui, mais où peut-on engager un guide?

Vous m'avez dit un garçon?	Oui, mais où peut-on engager un garçon?
Vous m'avez dit un garde-malade?	Oui, mais où peut-on engager un garde-malade?
Vous m'avez dit une gouvernante?	Oui, mais où peut-on engager une gouvernante?
Vous m'avez dit un gardien?	Oui, mais où peut-on engager un gardien?
Vous m'avez dit un gondolier?	Oui, mais où peut-on engager un gondolier?
Vous m'avez dit un gorille*?	Oui, mais où peut-on engager un gorille?

* gorille (familier) : garde du corps

❹ « Géographie »

[g] *Écoutez :* Pardon, où se trouve la gare?
Répondez : Ben, vous ne voyez pas la gare, là, à gauche?

Pardon, où se trouve le garage?	Ben, vous ne voyez pas le garage, là, à gauche?
Pardon, où se trouve le guichet?	Ben, vous ne voyez pas le guichet, là, à gauche?
Pardon, où se trouve le golf?	Ben, vous ne voyez pas le golf, là, à gauche?
Pardon, où se trouve le magasin de sport?	Ben, vous ne voyez pas le magasin de sport, là, à gauche?
Pardon, où se trouve la galerie?	Ben, vous ne voyez pas la galerie, là, à gauche?
Pardon, où se trouve le marchand de glaces?	Ben, vous ne voyez pas le marchand de glaces là, à gauche?

5 « Il n'est pire aveugle que celui qui ne veut pas voir »

[k]/[g]

Écoutez : Le télégramme s'il te plaît.
Répondez : Mais de quel télégramme veux-tu parler ?

La gabardine, s'il te plaît.
La bague, s'il te plaît.
La guitare, s'il te plaît.
Le gâteau, s'il te plaît.
La gourmette, s'il te plaît.
La guirlande, s'il te plaît.

Mais de quelle gabardine veux-tu parler ?
Mais de quelle bague veux-tu parler ?
Mais de quelle guitare veux-tu parler ?
Mais de quel gâteau veux-tu parler ?
Mais de quelle gourmette veux-tu parler ?
Mais de quelle guirlande veux-tu parler ?

6 « Quel grand courage ! »

[k]/[g]

Écoutez : J'ai dû les guider dans le brouillard.
Répondez : Mais explique-nous comment tu les as guidés.

J'ai dû garder des cochons.
J'ai dû le dégriser rapidement.
J'ai dû regagner la rive.
J'ai dû dégager ma voiture.
J'ai dû les dégoûter de s'installer ici.
J'ai dû grimper sur le toit.

Mais explique-nous comment tu les as gardés.
Mais explique-nous comment tu l'as dégrisé.
Mais explique-nous comment tu l'as regagnée.
Mais explique-nous comment tu l'as dégagée.
Mais explique-nous comment tu les as dégoûtés.
Mais explique-nous comment tu as grimpé dessus.

////////////ÉCRITURE////////////

I. Écoutez les phrases suivantes et soulignez la lettre ou les lettres qui correspondent au son [k].

Il a couru pour arriver à quatre heures et quart mais le car était déjà parti lorsqu'il est arrivé.

Comment s'écrit le son [k] ici ?

2. Écoutez la phrase suivante et soulignez la lettre qui correspond au son [g].

Je vais garer ma voiture et demander au garagiste qu'il regonfle mes pneus.

Comment s'écrit le son [g] ?

3. Remplacez les blancs par les lettres « g » ou « c » selon ce que vous entendez.

Il a __onfié ses __ants en __uir à sa __opine pour qu'elle les re__ouse, Il a dé__laré ne pas vouloir __oûter cette entre__ôte à la sauce ai__re, __omment peut-il __arder un aussi __rand __ourage après une telle __atastrophe?

R : Il a confié ses gants en cuir à sa copine pour qu'elle les recouse
Il a déclaré ne pas vouloir goûter cette entrecôte à la sauce aigre.
Comment peut-il garder un aussi grand courage après une telle catastrophe?

4. Remplacez les blancs par les lettres « g » ou « qu » selon ce que vous entendez.

__elle mouche l'a pi__é __and nous avons __itté la __alerie? Il a fait toutes sortes de __rimaces au __ardien __i l'a re__ardé d'un air __o__uenard.

R : Quelle mouche l'a piqué quand nous avons quitté la galerie? Il a fait toutes sortes de grimaces au gardien qui l'a regardé d'un air goguenard.

///////////RÉCRÉATION///////////

C'est dans les grands dangers qu'on voit un grand courage

I. DEVINETTES

Faites deviner à vos élèves les paires suivantes :

car	quai	coûte	cru
gare	gai	goutte	grue

carré	classe	bac	oncle
garer	glace	bague	ongle

à l'aide de définitions :

ex : grand véhicule dans lequel on se déplace à plusieurs si on n'a ni voiture, ni train ni avion à disposition (rép. : un car)

Le train s'y arrête quelques instants (rép. : une gare)

Variante

Faites deviner le premier mot de la paire. Celui qui a trouvé ne donne pas la réponse mais fait deviner à son tour le deuxième mot de la paire à l'aide d'une définition. Ce n'est que lorsque les deux mots ont été trouvés qu'on les dit à haute voix.

2. DÉFINITIONS

Le dictionnaire circule dans la classe. Un étudiant l'ouvre au hasard et cherche un mot contenant un [g] ou un [k]. Il en lit la définition. Les autres doivent deviner le mot ainsi défini et gagnent des points à chaque réponse correcte.

3. LA RUMEUR

Écrivez au tableau une série d'adjectifs relatifs à des qualités et à des défauts contenant chacun un [k] ou un [g], adjectifs dictés par vos élèves.

   ex : courageux, gourmand, curieux, agressif, gauche, capricieux, agaçant.

Vous en expliquez le sens à ceux qui ne comprennent pas, vous faites répéter ces mots pour s'assurer de leur prononciation puis vous les effacez et le jeu commence. Le premier élève dit par exemple :

   « Gaspard est courageux »

Le deuxième élève reprend cette phrase et y ajoute le deuxième adjectif :

   « Gaspard est courageux et gourmand »

Le suivant ajoute le troisième adjectif, etc. Celui qui se trompe dans la succession des adjectifs, ou qui en oublie un, ou qui prononce mal est éliminé.

4. FAIT DIVERS

Distribuez à vos étudiants les informations suivantes :

QUI?	:	un jeune garçon prénommé Guillaume.
OÙ?	:	Cannes
QUOI?	:	a fait une fugue
COMMENT?	:	à bicyclette
QUAND?	:	mercredi
CAUSE?	:	mauvais carnet scolaire
CONSÉQUENCE?:	:	Ses parents s'inquiètent. Le commissaire Guérard mène l'enquête.

et demandez-leur de rédiger à partir de ces éléments un texte style fait divers pour un journal local.

Puis les étudiants se mettent par deux, recherchent d'autres informations pouvant répondre aux questions de la colonne de gauche, informations contenant des [k] et des [g], bien sûr, et qui leur permettent de rédiger d'autres faits divers qu'ils liront ensuite à leurs camarades.

5. LE TÉLÉGRAMME

Faites composer de petits télégrammes comme celui-ci :

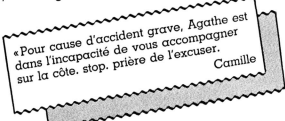

«Pour cause d'accident grave, Agathe est dans l'incapacité de vous accompagner sur la côte. stop. prière de l'excuser.
Camille

6. DIALOGUES

— Excusez-moi, quelle heure est-il ?
— Quatre heures et quart.
— Merci beaucoup !

— Combien coûte le gigot ?
— Quarante francs le kilo, Madame Guérin.

— Dis donc, Guy, quand est-ce que tu nous quittes ?
— Pourquoi ?
— Oh comme ça, simple curiosité !

— Comment aller à la gare s'il vous plaît ?
— Après le carrefour, vous prenez la première rue à gauche, vous conti-
nuez tout droit, environ cent cinquante mètres et en face d'un grand
garage, vous verrez la gare.
— Merci
— Pas de quoi !

*Posez ces questions à vos étudiants et demandez-leur de jouer de petites
scènes :*
- Comment aller au Casino ?
- Quel est le garage le plus proche ?
- Vous connaissez une discothèque par là ?

«A la Compagnie aérienne GALAIR»

L'employé	:	Monsieur bonjour, je vous écoute !
Un client	:	J'aimerais quelques renseignements.
L'employé	:	Oui, pour quelle destination ?
Un client	:	Maroc, Agadir.
L'employé	:	Quand voulez-vous partir ?
Le client	:	Le cinq octobre prochain.
Employé	:	Vous partez seul ?
Client	:	Non, nous serons quatre. Dites-moi, est-ce que le vol est direct ?
Employé	:	Non, vous faites une escale à Casablanca. Je fais une réservation ?
Client	:	Oui, s'il vous plaît, au nom de Gaston Lagaffe*.
Employé	:	Comment ?
Client	:	Vous avez bien compris, l'autre c'est un vague cousin.

* héros de bande dessinée.

LES CONSONNES. 171

7. POÈME

Le ski

Un garçon glissant sur ses skis,
disait : « Ah ! le ski, c'est exquis,
je me demande bien ce qui
est plus commode que le ski. »

Comme il filait à toute allure,
un rocher se dressa soudain.
Ce fut la fin de l'aventure.
Il s'écria, plein de dédain :

« Vraiment, je ne suis pas conquis,
je n'ai bu ni vin, ni whisky
et cependant, je perds mes skis.
Non, le ski, ce n'est pas exquis. »

Lorsqu'une chose nous dérange,
    Notre avis change.

© Pierre Gamarra

LES CONSONNES

les sons

[R]

[l] [g]

FICHE TECHNIQUE

PORTRAIT

[l]
- relâché
- aigu
- non labial

[ʀ]
- relâché
- neutre
- non labial

[g]
- relâché
- neutre
- non labial

DIAGNOSTIC

On s'aperçoit que les caractéristiques de ces sons sont très proches et que l'on ne peut pas les utiliser pour faire acquérir ou différencier ces trois phonèmes.

▷ Acquisition du [ʀ] *pour les anglophones :*
on aura recours à une explication plus traditionnelle, accompagnée d'un schéma :

- mettre la pointe de la langue contre les dents inférieures ;
- coller l'attache de la langue contre la luette ;
- faire vibrer les cordes vocales ;
- ne pas bouger la langue.

▷ Acquisition du [ʀ] et du [l] *pour les japonais :*
ces deux sons qui n'existent pas dans cette langue sont souvent assimilés à un son intermédiaire en japonais plus proche de [l] que de [ʀ].
Il s'agit alors de faire acquérir les deux sons [ʀ] et [l] séparément puis des les travailler en opposition.

▷ Différenciation du [ʀ] et du [g] *pour les espagnols :*
Les deux sons existent dans la langue maternelle, mais l'élève peut assimiler le [g] au [ʀ] lorsque ces deux sons se trouvent à proximité l'un de l'autre (*ex :* la gare prononcé [la ʀaʀ]).

ACTE DE PAROLE

- exprimer ses sentiments

ÉCOUTE

I. Mettez une croix dans la colonne = si les deux mots prononcés sont identiques ou dans la colonne ≠ s'ils sont différents.

[ʀ]/[l]

	=	≠
rare/râle		X
cale/car		X
calé/calé	X	
coule/cours		X
lève/lève	X	
sourd/sourd	X	
prie/pli		X
rond/long		X

2. Vous allez entendre une suite de mots, ils contiennent soit le son [ʀ] soit le son [l], mettez une croix dans la colonne correspondante.

	[ʀ]	[l]
pâli		X
langer		X
amarré	X	
réparer	X	
énergie	X	
opaline		X
caler		X
orée	X	

3. Indiquez si le son [l] se trouve dans la Iʳᵉ ou la 2ᵉ syllabe des mots suivants :

	Iʳᵉ	2ᵉ
râler		X
rouler		X
larron	X	
lévrier	X	
lustrer	X	
rutile		X
lecteur	X	
blaireau	X	

LES CONSONNES. 175

4. Mettez une croix dans la colonne = si les deux mots prononcés sont identiques ou dans la colonne ≠ s'ils sont différents.

[R]/[g]

	=	≠
rare/gare		X
riz/gui		X
les rhumes/légumes		X
dégage/dégage	X	
gamme/rame		X
arrange/arrange	X	
rang/gant		X
pagaie/paraît		X

5. Indiquez si le son [R] se trouve dans la 1ʳᵉ ou la 2ᵉ syllabe des mots suivants :

	1ʳᵉ	2ᵉ
garant		X
régale	X	
briguer	X	
guerrier		X
rengage	X	
guérite		X
ragoût	X	
garrot		X

6. Indiquez si les deux sons [R] et [g] se trouvent dans le même mot.

	[R] + [g]
regagner	X
regretter	X
gardien	X
ranger	
gaspille	
regonfler	X
grimper	X
dégager	

[R]

Quand on entend [R] différentes images viennent à l'esprit :

- vous vous mettez dans la peau d'un lionceau
qui se trouve face à un serpent :
« sssssssssssss. . » fait le serpent
« RRRRRRRRRRRRRR... » répond le lionceau
en se figeant.

- le lionceau se radoucit jusqu'à devenir un
petit chat qui ronronne de plaisir.
- Vous imitez le bruit d'un moteur de voiture
qui a de la peine à démarrer.

APPLICATION

[R] se prononce plus facilement lorsqu'il est placé en position finale (d'une
part il est assourdi, d'autre part la voyelle qui précède met déjà la langue en
bonne position : la pointe derrière les dents inférieures).

Faites répéter les mots suivants en demandant d'allonger la voyelle :

> pour
> l'or
> car
> vers
> pire
> meurt

Puis, rajoutez une voyelle au mot après l'avoir fait répéter deux fois,
comme ceci :

pour	pour	pourri
l'or	l'or	l'orée
car	car	carré
vers	vers	verrons
pire	pire	pirate
meurt	meurt	meurtri

LES CONSONNES. 177

Enfin, ramenez [R] à l'initiale des mots de la manière suivante :

pour	pourri	riz	: j'ai mangé du riz
car	carré	ré	: do ré mi fa sol
		rez	: j'habite au rez-de-chaussée
vers	verrons	rond	: rond comme un ballon
pire	pirate	raté	: j'ai raté le bus

L'ÉCHO DÉFORMÉ

Au moment où les élèves Japonais prononceront [l] ils s'aideront de leur main (paume tournée vers le haut) en ramenant rapidement les doigts vers eux comme ceci. Au contraire, pour le [R], ils retournent la main, doigts dirigés vers le bas [e] [R] :

[R]/[l]

rat	là	pour	poule
raie	lait	sers	sel
rêve	lève	bord	bol
riz	lit	mer	mêle
rond	long	mur	mule
rang	lent	corps	col
rein	lin	marre	mal
rue	lu		

[R]/[g]

rare	gare	rond	gond
riz	gui	rang	gant
ré	gai	rein	gain
Rome	gomme		

Parmi ces mots vous en choisissez un, deux ou trois que vous prononcez à haute voix. Les élèves doivent vous répondre par le mot correspondant :

ex : Pour les hispanophones, vous dites « rang »
les élèves doivent répondre « gant ».

Pour les Japonais, vous dites « là, lait, lève »
les élèves doivent répondre « rat, raie, rêve ».

///////////////GAMMES////////////

❶ « Atmosphère »

Le son [R] se trouve en position finale.

[R]   *Écoutez :* Tu as vu la peur qu'elle a ?
Répondez : Moi aussi, tu sais, j'ai une de ces peurs!

Tu as vu le plaisir qu'elle a ?   Moi aussi, tu sais, j'ai un de ces plaisirs!

Tu as vu le cafard qu'elle a ?   Moi aussi, tu sais, j'ai un de ces cafards!

Tu as vu le malheur qui lui tombe dessus ?   Moi aussi, tu sais, il me tombe dessus un de ces malheurs!

Tu as vu dans quelle colère elle est ?   Moi aussi, tu sais, je suis dans une de ces colères!

Tu as vu quelle forme elle tient ?   Moi aussi, tu sais, je tiens une de ces formes!

Tu as vu quelle histoire d'amour elle vit ?   Moi aussi, tu sais, je vis une de ces histoires d'amour!

❷ « Allez savoir pourquoi »

Le son [R] se trouve en position intermédiaire.

[R]   *Écoutez :* Comment peut-on avoir la trouille* ?
Répondez : C'est vrai, je ne sais pas pourquoi j'ai la trouille.

Mais comment peut-on être déprimé ?   C'est vrai, je ne sais pas pourquoi je suis déprimé.

Mais comment peut-on être malheureux ?   C'est vrai, je ne sais pas pourquoi je suis malheureux.

Mais comment peut-on avoir la frousse* ?   C'est vrai, je ne sais pas pourquoi j'ai la frousse.

Mais comment peut-on être énervé ?   C'est vrai, je ne sais pas pourquoi je suis énervé.

Mais comment peut-on avoir le moral à zéro ?   C'est vrai, je ne sais pas pourquoi j'ai le moral à zéro

Mais comment peut-on être triste ?   C'est vrai, je ne sais pas pourquoi je suis triste.

* avoir peur en langue familière

❸ « Rares instants »

Le son [R] se trouve en position initiale du mot.

[R]   *Écoutez :* Lui, il est plutôt du genre rêveur.
Répondez : Ben, c'est comme moi, je me sens rêveuse en ce moment.

Lui, il est plutôt du genre rigolo.   Ben, c'est comme moi, je me sens rigolote en ce moment.

Lui, il est plutôt du genre rieur.   Ben, c'est comme moi, je me sens rieuse en ce moment.

LES CONSONNES. 179

Lui, il est plutôt du genre
  rayonnant.

Ben, c'est comme moi,
  je me sens rayonnante en ce moment.

Lui, il est plutôt du genre
  resplendissant.

Ben, c'est comme moi,
  je me sens resplendissante en ce moment.

Lui, il est plutôt du genre
  radieux.

Ben, c'est comme moi,
  je me sens radieuse en ce moment.

Lui, il est plutôt du genre
  rougissant.

Ben, c'est comme moi,
  je me sens rougissante en ce moment.

④ « Avoir l'air »

[R]/[I]   *Écoutez :* Dis donc, je ne te connaissais pas cette lenteur.
          Répondez : Mais alors, pourquoi ai-je l'air si lente par moments?

Dis donc, je ne te connaissais pas
  cette placidité.

Mais alors, pourquoi ai-je l'air si placide par
  moments?

Dis donc, je ne te connaissais pas
  cette folie.

Mais alors, pourquoi ai-je l'air si folle par
  moments?

Dis donc, je ne te connaissais pas cet
  aspect maladif.

Mais alors, pourquoi ai-je l'air si maladive par
  moments?

Dis donc, je ne te connaissais pas
  cette malveillance.

Mais alors pourquoi ai-je l'air si malveillante
  par moments?

Dis donc, je ne te connaissais pas ce
  côté déplaisant.

Mais alors pourquoi ai-je l'air si déplaisante
  par moments?

Dis donc, je ne te connaissais pas ce
  côté larmoyant.

Mais alors, pourquoi ai-je l'air si larmoyante
  par moments?

⑤ « Quelle appréhension »

[R]/[I]   *Écoutez :* Il faut absolument lire de nouveau ton manuscrit.
          Répondez : Oui, mais j'ai peur de le relire.

Il faut absolument loger de nouveau ton cousin.

Oui, mais j'ai peur de le reloger.

Il faut absolument laver de nouveau ton chemisier.

Oui, mais j'ai peur de le relaver.

Il faut absolument allumer de
  nouveau le four.

Oui, mais j'ai peur de le rallumer.

Il faut absolument lancer de nouveau ce produit.

Oui, mais j'ai peur de le relancer.

Il faut absolument placer de nouveau ce miroir.

Oui, mais j'ai peur de le replacer.

Il faut absolument louer de nouveau ce studio.

Oui, mais j'ai peur de le relouer.

❻ «Oh là! Quel moral!»

[ʀ]/[l]
Écoutez : Dis donc, tu me parais bien énergique!
Répondez : Oh là là, quelle énergie j'ai, aujourd'hui!

Dis donc, tu me parais en forme!	Oh là là, quelle forme j'ai, aujourd'hui!
Dis donc, tu me parais avoir bien du ressort!	Oh là là, quel ressort j'ai, aujourd'hui!
Dis donc, tu me parais être en rage!	Oh là là, quelle rage j'ai, aujourd'hui!
Dis donc, tu me parais bien rancunière!	Oh là là, quelle rancune j'ai, aujourd'hui!
Dis donc, tu me parais bien courageuse!	Oh là là, quel courage j'ai, aujourd'hui!
Dis donc, tu me parais bien cafardeuse!	Oh là là, quel cafard j'ai, aujourd'hui!

❼ «Drôle de goût»

[ʀ]/[g]
Écoutez : Tu te rends compte, il faut que je la guérisse!
Répondez : Et bien moi, je préfère ne pas avoir à la guérir!

Tu te rends compte, il faut que je la garde!	Et bien moi, je préfère ne pas avoir à la garder!
Tu te rends compte, il faut que je lui fasse la guerre!	Et bien moi, je préfère ne pas avoir à lui faire la guerre!
Tu te rends compte, il faut que je lui garantisse un emploi!	Et bien moi, je préfère ne pas avoir à lui garantir un emploi!
Tu te rends compte, il faut que je la gare!	Et bien moi, je préfère ne pas avoir à la garer!
Tu te rends compte, il faut que je la garnisse.	Et bien moi, je préfère ne pas avoir à la garnir!
Tu te rends compte, il faut que je la rengage!	Et bien moi, je préfère ne pas avoir à la rengager!

❽ «Gare à l'humeur!»

[ʀ]/[g]
Écoutez : Tu ne veux pas le goûter encore une fois?
Répondez : Oh, je ne me sens pas d'humeur à le regoûter!

Tu ne veux pas les grouper encore une fois?	Oh, je ne me sens pas d'humeur à les regrouper!
Tu ne veux pas le gonfler encore une fois?	Oh, je ne me sens pas d'humeur à le regonfler!
Tu ne veux pas la garer encore une fois?	Oh, je ne me sens pas d'humeur à la regarer!
Tu ne veux pas le gagner encore une fois?	Oh, je ne me sens pas d'humeur à le regagner!
Tu ne veux pas le garnir encore une fois?	Oh, je ne me sens pas d'humeur à le regarnir!
Tu ne veux pas le grimper encore une fois?	Oh, je ne me sens pas d'humeur à le regrimper!

//////////////ÉCRITURE///////////

1. Écoutez les phrases suivantes et soulignez la ou les lettres qui correspondent au son [R].

Elle a peur de retourner la voir, car elle n'a pas pu lui arranger le rendez-vous promis.

Comment s'écrit le son [R] ?

2. Écoutez les phrases suivantes et soulignez la ou les lettres qui correspondent au son [l].

Elle est lente à se mettre au travail mais une fois qu'elle est lancée, elle ne le lâche plus avant de l'avoir conclu.

Comment s'écrit le son [l] ?

3. Écoutez les phrases suivantes et soulignez la lettre qui correspond au son [g].

Gustave n'a pas gagné ce concours mais cela lui est égal car il n'a pas beaucoup de goût pour le golf ni de grandes ambitions.

Comment s'écrit le son [g] ?

4. Remplacez les blancs par les lettres « l » ou « r » selon ce que vous entendez.

Tu me pa__ais bien éne__vé quand tu te __èves. Tu dev__ais __etou__ner voir __e docteu__ pou__ qu'i__ te donne un ca__mant.
C'est __assant et t__ès dép__aisant quand tu gesticu__es sans __aison va__ab__e. Je ne comp__ends v__aiment pas, je t'ai connu si p__acide aut__efois.

R : Tu me parais bien énervé quand tu te lèves. Tu devrais retourner voir le docteur pour qu'il te donne un calmant.
C'est lassant et très déplaisant quand tu gesticules sans raison valable. Je ne comprends vraiment pas, je t'ai connu si placide autrefois.

5. Remplacez les blancs par les lettres « r » ou « g » selon ce que vous entendez.

Il a __a__anti de nous __en__ager si nous __impions su__ le toit du __a__age pou__ __épa__er la __outtiè__e et pou__ __e__ouper les a__doises qui avaient dé__in__olé la pente.

R : Il a garanti de nous rengager si nous grimpions sur le toit du garage pour reparer la gouttière et pour regrouper les ardoises qui avaient dégringolé la pente

////////////RÉCRÉATION////////////

Rira bien qui rira le dernier

I. LA MACHINE INFERNALE

La classe se divise en 3 à 5 groupes (suivant le nombre d'élèves). Chaque équipe choisit I à 3 mots contenant un [R].

ex : groupe N° I : riz, rez, rond
groupe N° 2 : raté
groupe N° 3 : pourriture

Mots que le groupe va scander selon un rythme qu'il s'est choisi, accompagné ou non de bruits divers (claquement de langue, sifflement, etc.)

ex : groupe N° I dit : « riz, rez, rond » et frappe une fois dans les mains, puis recommence.

groupe N° 2 dit : « raté » sur un ton très bas, en imitant le bruit d'un train qui passe sur un pont.

groupe N° 3 dit : « pourriture » en prononçant la dernière syllabe sur un ton plus haut.

Le premier groupe commence. Quand il a bien trouvé son rythme, le 2e groupe intervient, puis le 3e.
Ce jeu ne peut se faire que si l'on se trouve dans un local grand et insonorisé. Évidemment !

2. LE CORBILLON

Les élèves sont assis en cercle. L'un d'eux demande à son voisin de droite : « Dans mon corbillon qu'y met-on ? » Celui-ci doit répondre par un nom contenant un [R]. Si en plus, ce nom se termine en _ON, c'est encore mieux, mais c'est difficile !

ex : un marron
un citron
un électron

3. ASSOCIATION

Un élève choisit un mot de deux syllabes au minimum contenant un [R]. L'élève suivant, à l'aide de la dernière syllabe de ce mot en forme un nouveau qui doit à son tour contenir un [R].

ex : restaurant ⟶ rendu ⟶ durée
réussi ⟶ sirop ⟶ rôti etc.

4. RÉÉCRITURE

Chaque élève reçoit la copie d'un texte très court. Il repère dans ce texte tous les mots contenant un [R]. Puis à l'aide de ces mots, il réécrit un nouveau texte.

5. JEU DE MÉMOIRE

Ce jeu se compose d'un matériel de 2 × 15 cartes ou fiches cartonnées. Un nom (objet, fleur ou animal) comportant un [R] y est écrit en deux exemplaires et illustré par deux dessins identiques. Exemples :

une rose — une rose — une robe — une robe

Les 30 fiches sont mélangées, retournées (illustration cachée) et étalées sur une table. Un élève s'empare d'une carte, la retourne et prononce le nom de l'objet à haute voix.
Puis il retourne une autre carte en espérant pouvoir former une paire (deux cartes identiques).
Si ce n'est pas le cas, il replace la carte dans sa position initiale, illustration cachée et c'est au joueur suivant de s'emparer d'une nouvelle carte.
Pour pouvoir constituer des paires, il faut se souvenir de l'emplacement des cartes qui ont déjà été retournées mais qui n'ont pu servir.

6. LE BACCALAURÉAT

Chaque élève a devant lui une feuille qu'il divise en cinq colonnes :

1. Personnages célèbres
2. Noms de villes
3. Pays
4. Animaux
5. Fleurs

Dans chacune de ces colonnes, il doit écrire un maximum de mots contenant un [R].
Un mot trouvé par plusieurs joueurs est annulé pour tous mais chaque mot original rapporte un point à celui qui l'a écrit.

7. DIALOGUES

— Alors, ça va?
— Super bien, ça marche très fort. J'ai beaucoup de travail mais comme c'est intéressant, je ne me plains pas!
— Tu en as de la chance!

— Alors en forme?
— Ça pourrait aller mieux!

— Mais allez, fais un effort, souris à la vie!
— Ah! ce que je peux être déprimé!

— Alors, heureuse?
— Non, j'en ai marre!

— Regarde, c'est horrible
— Je préfère ne pas regarder!

— Allez saute!
— Arrête, j'ai la trouille.

A partir de ces répliques, demandez à vos élèves d'imaginer à chaque fois quels sont les protagonistes, le contexte dans lequel ces échanges ont lieu; puis faites-les écrire de courts dialogues (sans oublier les [R]) dans lesquels ces répliques peuvent s'insérer.

Regrets

Madame Guérin : Je regrette vraiment Monsieur Garcia, de ne pouvoir
(soupirs) vous accompagner à la gare, mais ma voiture est au garage, vous comprenez, et...
Monsieur Garcia : Mais cela ne fait rien, Madame Guérin, je me débrouil-
(soupirs) lerai. Passez-moi encore une fois votre horaire, je veux regarder l'heure de ma correspondance pour Madrid. Je suis triste de regagner l'Espagne si rapidement.
Madame Guérin : C'est vrai, mais ce n'est pas grave, nous nous reverrons
(soupirs) l'été prochain.
Monsieur Garcia : Comme le temps a vite passé, déjà il faut se dire
(soupirs) au revoir.
Madame Guérin : Que voulez-vous, c'est la vie!
(soupirs)

8. POÈMES

La rose
Rose rose, rose blanche,
Rose thé,
J'ai cueilli la rose en branche
Au soleil de l'été.
Rose blanche, rose rose,
Rose d'or,
J'ai cueilli la rose éclose
Et son parfum m'endort.

Robert Desnos
in *Chantefables et Chantefleurs* © Gründ

Lettre d'amour

Si l'on me demandait un certificat d'existence et que j'eusse
à répondre l'exacte vérité, on serait bien surpris que ce fût
pour et par l'amour d'une femme exclusivement.

J'ai reçu ton message. Dieu ou diable fasse que jamais
d'autres personnes ne m'écrivent : vos lettres m'empêcheraient
de les lire ou d'y répondre. (...) Cette spontanéité, cette jeu-
nesse, ce sang vermeil et chaud, c'est mon soleil rouge, mes
couleurs, mon été.

Vous n'êtes qu'une fleur jeune et belle. Vous êtes la rose du
Petit Prince et puis, aussi, son renard et ses mille quatre cent
quarante couchers de soleil. Je marche avec vous dans les
yeux. Il ne faut pas raisonner, il ne faut plus. Il faut penser par
amour, penser juste. On ne raisonne que par la tête, mais on
pense – aussi – avec son cœur. Je hais les raisonnements, surtout logiques.

Votre belle lettre ne raisonne pas. Elle me parle, elle chante,
elle se révolte, elle crie ! (...)

Je vous aime et vous couvre de baisers. Vous, ma Lumière,
(...), mon Amour.

(extraits d'une lettre de *Lettres d'Amour d'un soldat de vingt ans*, Jacques Higelin, © Grasset, 1987)

Rue Volta

La petite échoppe ancienne
au cinq de la rue Volta
rareté électricienne
dont le nom s'égara là
garala garala
garala pile à Volta

Raymond Queneau
in *Courir les rues*
© Éditions Gallimard

La rue Galilée

Pourquoi n'a-t-on jamais chanté
la rue Galilée
la rue Galilée pleine de dahlias
la rue Galilée pleine d'hortensias
la rue Galilée aux nobles frontons
la rue Galilée aimée des piétons
la rue Galilée bordée de canaux
la rue Galilée chérie des autos
la rue Galilée terriblement belle
la rue Galilée qui est vraiment celle
qu'il me faut chanter
en prose et en vers
à tout l'univers
la rue Croix-Nivert

Raymond Queneau
in *Courir les rues*
© Éditions Gallimard

186

Au galop

Prends ton plus beau cheval blanc
et ta cravache et tes gants
cours à la ville au plus tôt
et regarde le beau château
le beau château dans la forêt
qui perd ses feuilles sans regret
au galop au galop mon ami
tout n'est pas rose dans la vie

© Philippe Soupault

Chansons, 1921

La guerre déclarée
J'ai pris mon courage
à deux mains
et je l'ai étranglée

Jacques Prévert
Extrait de « Adonides » in *Fatras*
© Éditions Gallimard

9. POT-POURRI

Non, rien de rien
Non, je ne regrette rien

Parlez-moi d'amour
Dites-moi des choses tendres

Plaisir d'amour
Ne dure pas toujours

Quand tu me prends dans tes bras
Que tu murmures tout bas
Je vois la vie en rose
Tu me dis des mots d'amour
Des mots de tous les jours
Ça me fait quelque chose

Quand on a que l'amour
A offrir en partage

Il faut savoir

L'amour est là
Qui nous prend dans ses bras
Oh là là là
C'est magnifique

////////////////////INDEX//////////////////////

ACTES DE PAROLE

AUTEURS ET POÈMES

DIALOGUES ET TEXTES

JEUX

ALLIANCE FRANÇAISE

HATIER / ▮▮Didier

Les publications de l'Alliance Française animées par Louis Porcher

RUE LECOURBE
Méthode de français pour adolescents et adultes, débutants et faux débutants

L. Porcher, F. Mariet, J. Moreau, F. Weiss.
Objectifs : Apprendre à parler, comprendre, lire et écrire un français simple et clair pour une communication ordinaire.
Démarche : Acquisition progressive et systématique d'un vocabulaire contemporain usuel et de notions grammaticales suivies.

ATOUT FRANCE
Cahier d'exercices et d'activités

G. Gutlé
Des exercices de vocabulaire, grammaire, civilisation, compréhension écrite.

LE FRANÇAIS AU PRÉSENT
Une grammaire complète pour le français langue étrangère

A. Monnerie
Des listes alphabétiques permettant un accès rapide à la forme ou à la construction recherchée et des tableaux synthétiques facilitant la visualisation de l'ensemble d'un problème.

MANIÈRES DE CLASSE

L. Porcher
Première partie - Les universels singuliers : des thèmes partout les mêmes et partout différents.
Deuxième partie - Travailler sur un texte et sous un prétexte.
Troisième partie - Enseigner par les plantes.

QUEL PROFESSEUR ÊTES-VOUS?
Profils de l'enseignant de FLE

L. Porcher, B. Sapin-Lignières
Pour réfléchir et vous distraire, voici l'occasion de vous interroger sur votre métier de professeur de FLE. En douze étapes, dans le calme et la bonne humeur, vous pourrez répondre à des questions que vous n'avez peut-être pas le temps de vous poser d'habitude

REFLET
Revue des enseignants de Français Langue Étrangère

Réalisée par le CREDIF et l'Alliance Française.
Chaque numéro comporte une partie écrite de 64 pages et un magazine sonore sur cassette de 60 mn.
N° 26 : La phonétique aujourd'hui.

MISE EN PAGE ET COUVERTURE : Karine ALARY·   ILLUSTRATIONS : Michel BEURTON

Achevé d'imprimer sur rotative numérique par Book It !
dans les ateliers de l'Imprimerie Nouvelle Firmin Didot
Le Mesnil-sur-l'Estrée

Dépôt légal : Juin 2004
N° d'impression : 68854
1843/11